エリック・ホッファー自伝

構想された真実

Truth Imagined
ERIC HOFFER

中本義彦訳

エリック・ホッファー（1902－83）

エリック・ホッファー自伝／目次

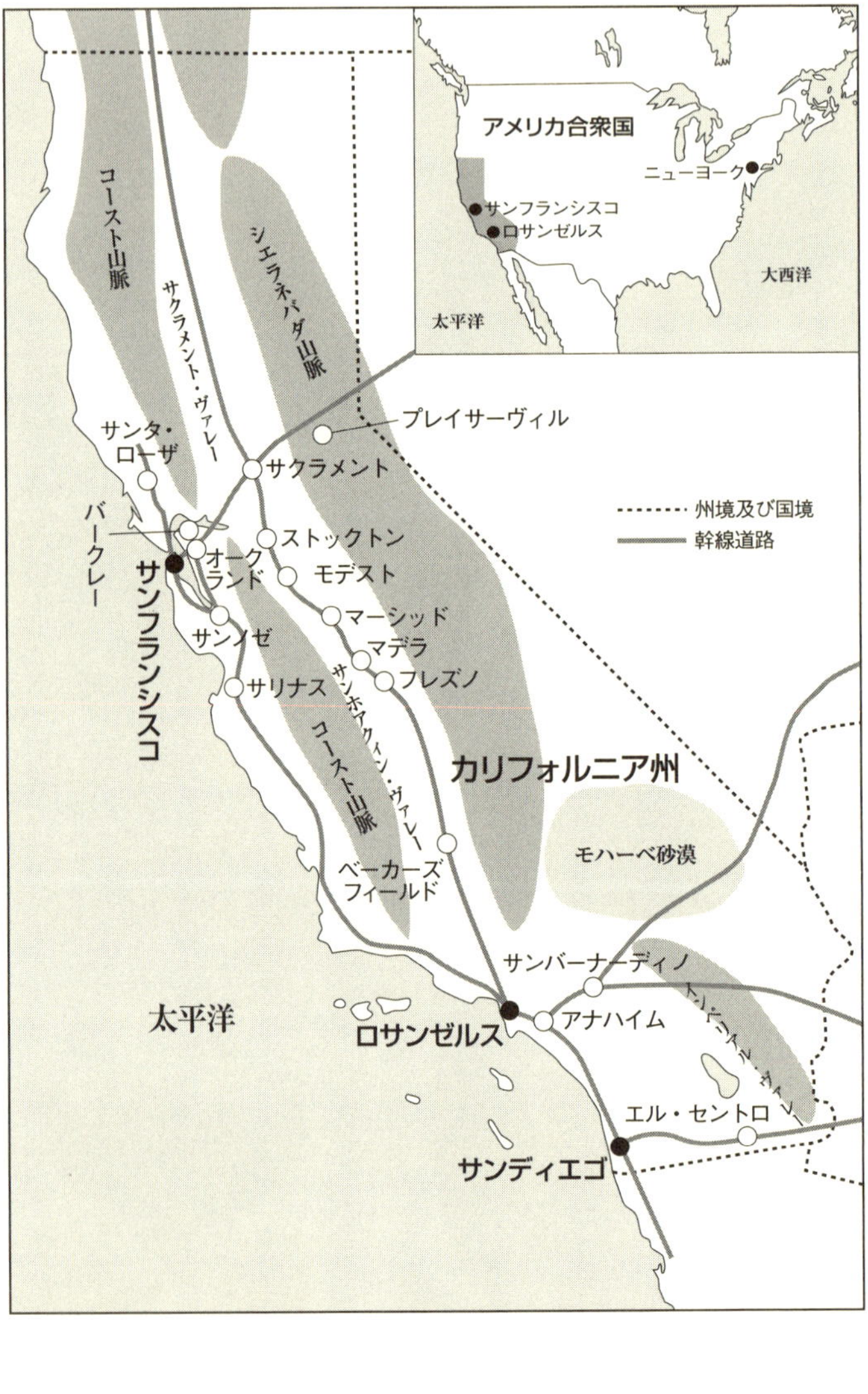

アメリカ合衆国
ニューヨーク
サンフランシスコ
ロサンゼルス
大西洋
太平洋
コースト山脈
サクラメント・ヴァレー
シエラネバダ山脈
プレイサーヴィル
サンタ・ローザ
サクラメント
州境及び国境
幹線道路
バークレー
ストックトン
オークランド
サンフランシスコ
モデスト
マーシッド
サンノゼ
マデラ
フレズノ
サリナス
サンホアクィン・ヴァレー
コースト山脈
カリフォルニア州
モハーベ砂漠
ベーカーズフィールド
サンバーナーディノ
アナハイム
太平洋
ロサンゼルス
エル・セントロ
サンディエゴ

エリック・ホッファー自伝

構想された真実

ジェンマに捧ぐ

失明、母、そして父の死

不思議なことに、幼いころの記憶は曖昧である。七歳のとき、私は視力を失った。五歳のとき、母が私を抱いたまま階段から落ちている。それがもとで母は体をこわして二年後に亡くなり、その年私は失明した。しばらくの間は記憶もなくした。妻に先立たれ盲目の息子を抱えた父が、私のことを「白痴の子ども」と呼んでいるのを聞いたことがある。

記憶のなかの母は小さくて、いつも何かにおびえていた。それでも大きくなった五歳の息子を抱きかかえていたくらいだから、たぶん私のことを愛していてくれたに違いない。いまでも時折、母の指が背中に触れている気がして、夜中にふと目を覚ます。

鮮明に思い出せることが、二つある。幼いころ私がぐずると、母とマーサはよく、備えつけの本棚のそばにあったテーブルに私をすわらせた。父は独習の家具職人だったが、本棚には哲学をはじめ、数学、植物学、化学から音楽、旅行にいたるまで百冊近い英語とドイツ語の蔵書があった。私は本棚にあった本を大きさや厚さ、色で分類して遊ぶことに夢中になる。さらには英語とドイツ語の本を分けられるようになった。そしていつのまにか内容によって本を分類できるようになったのだ。五歳になる前には英語とドイツ語が読めたということだろう。この分類への情熱がもたらした重要なことがもう一つある。後年、思索し、ものを書き始めたとき、気がついてみると私は相変わらず分類をしていたということだ。事実と印象を区別し、照らし合わせていたのである。

もう一つの思い出は、九歳のときに父と一緒にタクシーに乗って、ニューヨークのコンサート・ホールにベートーヴェンの交響曲第九番を聴きに行ったことだ。その日、父はいつものように振る舞っていたが、めずらしく興奮しているのがわかった。クラシック音楽を愛していた父は、演奏予定のベートーヴェンの曲にも造詣が深く、「ベートーヴェンが聴力を失ってから作曲した第九は、神聖なメロディーが織りなすタペストリーだ」と言いながら、しばしばその曲を口ずさんでいた。とくに第三楽章は壮大だとも語っていた。コンサートがどれくらい続いたのかおぼえていないが、第九の第三楽章が演奏されているときのことだ。父が私の腕をぎゅっとをつかみ、私は翼が生えたように気分が昂揚した。

後に視力が戻って世の中に出てから、寂しいときや落ち込んだときには、気がつくといつも第九の第三楽章を口ずさんでいた。一九四一年に十年間の放浪生活の末、やっとサンフランシスコに居を定めたとき、最初にしたことはプレーヤーと第九のレコードを買うことだった。しかし、どのレコードを聴いても、第三楽章は私がおぼえている演奏とは異なるものだった。どれも演奏が速すぎて無造作に聴こえ、訴えかけてくるような哀しみが伝わってこなかったのだ。

十五歳のとき、私は視力を回復する。けれども、なぜ突然失明し再び急に目が見えるようになったのか、とくに思いわずらうこともなかった。というのも、マーサがよく冗談で、ホッファー家が続いていること自体、奇跡だと言っていたからである。実際、私の家系はみな短命で、五十歳以上生きた者は一人もいない。「将来のことなんか心配することないのよ、エリック。お前の寿命は四十歳までなんだから」――マーサのこの言葉は私の心の奥深くに刻み込まれ、そのおかげで季節労働者をしていたときも、あれこれ先々のことを思い悩まずにすんだ。私は旅人のように生きることができたのである。

マーサが私の家族とどんな関係だったのか気にかけたことがなかったのも、不思議といえば不思議だ。親戚だったのか、家政婦だったのかわからない。ただ彼女は、母を亡くし視力を失った私をあふれんばかりの愛情をもって育ててくれた。何でも話すようにと私を励まし、話したことは一つももらさずおぼえていてくれるようだった。

マーサの思い出は、感触や匂いにまつわるものが多い。彼女の大きな体の匂いはいまでも鼻に残っているし、硬い胸と指のような乳首の感触を思い出すこともできる。そして、アメリカで暮らすのに困らないようにと、母語であるドイツ語のほかに、不完全でも英語が話せるようにしつけてくれたのも彼女だった。ただし、彼女のなまりもうつってしまったが。幼いころ私はひどい頭痛に悩まされていたが、彼女はそんなときいつも私を腕に抱いてキスをしながら、歌詞のない子守唄を口ずさんでくれたりもした。しかし、このマーサとの蜜月も、私の視力の回復によって終止符が打たれる。その心の空白は読書への情熱によって癒されていった。

すでに語ったように、読むことをおぼえたのは五歳になる前だったから、視力が戻ったときには、書くことはできなくても本は十分読めた。またすぐに目が見えなくなると思い込んでいたので、目を酷使することなどまったく心配せず、それから三年間朝から晩まで本を読んで過ごしていた。とにかく再び失明する前にできるだけ読んでおきたかったのである。

あるとき、通りを下った先にある小さな古本屋に入った。そのとき、真っ先に目に飛び込んできたのは、金色で書かれたIdiot（白痴）という文字だった。父が幼い私を「白痴の子ども」と呼んでいたのをおぼえていたからである。それはドストエフスキーの『白痴』だった。そのとき以来、毎年この『白痴』を読み返している。とくに第一章の物語は比類のないものだ。その店には、ほかにスカンジナビアの言語やドイツ語からの翻訳書が数多く並んでいた。

一九二〇年、私が十八歳のとき、父もまた五十歳足らずで亡くなった。一緒に暮らしていたマーサは、第一次世界大戦が終わった直後にドイツに移住していた。私の目が見えるようになってから、たぶん彼女は幸せではなかったと思う。その後、彼女が便りをくれたかどうかはおぼえていない。家具職人組合の一員だった父の埋葬は、組合の人たちが行なった。彼らは私に三〇〇ドルくれた。私はニューヨークを離れ、カリフォルニアに行く決心をした。カリフォルニアは暖かくて野宿もでき、道端にオレンジがなっていて食うのにも困らない土地だと考えたからだ。一九二〇年四月、私はロサンゼルスに到着した。

子ども部屋から貧民街へ

両親を亡くし天涯孤独になっても、将来に対する不安はまったくなかった。ただ、それまで世の中に出たことがなく、金を稼ぐにはどうしたらいいのか、三〇〇ドルがなくなったらどうなるのかもわからなかった。ロサンゼルスに着いてからは、市立図書館の近くに安アパートを見つけ、本を借り出しては一日中読書にふけっていた。市内を歩きまわることもなく、できるだけ節約して暮らす毎日が続く。しばらくして持ち金がつきてからは、革のジャケットや洋服を売って、その日その日をしのいでいた。そして、ついに売るものがなくなり、飢えという得体の知れないものに直面する。

人が何も食べなければ、飢え死にすることは知っていた。何も口にせずにどれくらい生きられるのか。その先に待っているのは死だけなのか。何も食べずに三日目を迎えると、胃がつかまれて、ねじ上げられ、胸のほうに押し上げられるような感覚に襲われた。水をひとくち口にしただけで、まるでハチの群れに刺されたように、頭の表面がひりひりと痛む。アパートはまだ借りられていたので、毎晩風呂に入り、哀れに思えた自分の体を何度も丁寧に洗った。そして、髪がいつもより早く伸びているように思えた。

空腹のあまりじっとしていられなくなり、起きている間はただひたすら歩きつづけた。そんなとき脳裡に浮かんできた疑問が私を不安にさせる。何も食べていないのに、なぜ足が動きつづけ、髪がこんなに早く伸びるのか。それがひどく気がかりで、レストランのガラスの向こうに並んでいる料理にも目をくれなかった。食べ物のまぼろしを見ることはなかったが、毎晩のように夢で、マーサが昔よく作ってくれた肉料理の匂いがした。

あるとき、店の鏡に映った自分の顔がちらりと目に入る。不安のせいで歪んだ顔だった。驚いた。空腹の不思議さに心を奪われてしまい、自分のことをまったくかまっていなかったのである。

五日目の夕方、メイン・ストリートにあるペットショップの前で立ち止まった。ショー・ウィンドーの中には鳩がいた。白いのもいれば、灰色のもいる。チョコレート色の首輪をつけた白いのも二羽ほどいた。羽の色で分けられているようだ。ガラスの近くにいた首輪をした白い鳩は、一羽は小さく、もう一羽は大きい。小さいのがくちばしをあげて、大きい鳩のくちばしに突っ込んでいる。くちばしをからませながら、互いに首を振っている。大きいのが小さいのに餌をやっているのだろうと思ったが、すぐに考え直した。首を振り、目を半分閉じ、ピンクの足を踏みながら、二羽の鳩は恍惚とし、すべてを忘れているかのように見えたからである。二羽はいったん離れ、大きい鳩が小さい鳩のまわりを誇らしげに歩いた。つがいの前の儀式だったのである。小さい方が体を膨らませ、頭を引っ込めて、目を閉じ、木の床に腹ばいになる。すると大きな方が羽ばたきながら小さい方の上にのり、くちばしを雌鳩の首の羽の中に突っ込み、そして二つの体は揺れ動いた。そこには飽くことのない欲望がみなぎっていた。

私はふと、鳩を眺めている間、空腹のことを忘れていたことに気づいた。不思議な気持ちだった。というのも、空腹が歯痛のように感覚の一種であり、気をそらしさえすれば忘れられるというのは奇妙なことに思えたのである。そう思うと、急に気分が楽になり、飢えの脅威から解放された気がした。まるで悪夢から覚めたようだった。

その晩、五日ぶりの食事にありつく。レストランに入り、皿洗いをするから食事をさせてくれと申し出たのだ。飢えはもはや畏れるものではなくなった。レストランでは、年配の店員が食器の扱い方だけではなく、世の中のことをいろいろと教えてくれた。「職を探しているなら、五番通りの端にある貧民街の州立無料職業紹介所に行きな」と彼は言う。そこに行けば、職のない連中が大勢集まっているが、奴らと同じように仕事にありつけるぜ、と。

私は彼の言葉に従った。こうして私は一夜にして子ども部屋から貧民街へ飛び込んだのである。

オレンジ売り

州立無料職業紹介所は、車庫を改装した建物だった。そこでは、多くの失業者たちが、仕切られた窓口の前のベンチに並んですわっていた。

仕切りの向こうで電話が鳴ると、まもなく事務員が一人出て来て、拡声器で呼び出しを始める——家具運び、皿洗い、窓拭きなどなど。多くの者たちが一斉に手を挙げ、その中から、事務員が一つの手を選んで仕事を振り分ける。紹介所には希望を抱かせるほど十分な仕事があった。私は前列のベンチにすわり、その日の午後、ついに芝刈りの職にありついたのである。

朝早くから午後遅くまで椅子にへばりつけば、なんとかやっていくには十分な金が稼げた。本を読み、思索にふける時間もある。それには明らかにしなければならないことがあった。

事務員が仕事をアナウンスするのに数秒、挙がった手を選ぶのに数秒かかる。特定の手を指名する前に何か考える時間はないはずだ。けれども、彼が選ぶのには何か特別な要因があるに違いない。それがわかれば、事務員を操り希望どおりに仕事を手にすることができる。私はありとあらゆることを試みた。事務員の視線が前から五列目までのベンチを飛び越えて、六列目の真ん中に落ちることに気づいた。赤い紙を本のカバーにして事務員の注意をひいたり、表情を変えたりもしてみた。手を挙げるときは、「この世に心配事などない」といったふうに見えなければならないことにも気づいたし、元気のよさも注意をひきつけることがわかった。こうした手はずによって、一日にいくつもの仕事をとれる自信がつき、私は安心した。

こんな毎日が何年間か続く。私はつましく暮らし、絶え間なく読書をしながら、数学、化学、物理、地理の大学の教科書を読み、勉強をはじめた。自分の記憶を助けるためにノートをとる習慣も身につけ、言葉を使って物事を描き出すことに熱中し、適切な形容詞を探すのに何時間も費やしたりしていた。

紹介所に来ている人たちとも徐々に話すようになる。一九三三年にフランクリン・D・ローズヴェルトが大統領になる前のアメリカは、自己憐憫とはまったく無縁だった。言葉を交わした人間の誰一人として、自分の不幸を他人のせいにする者はいなかった。人生を語るときは、ほとんど例外なしに「悪いのは自分なんですが」と前置きする作法になっていた。紹介所に来ている人は移民が多く、彼らの話から出身国についていろいろ知ることができた。

私は四十歳で死ぬまでこうした生活が自然に続くものと考えていた。何の不満もない満ち足りた生活だった。けれども、永続性は私が暮らすアメリカの特徴ではない。一九二〇年代の終わりになると、仕事はほとんどなくなり、金融恐慌が起こり、工場ではつぎつぎと労働者が解雇されていた。私もまた何か新しいことをせざるをえなかった。毎朝紹介所に来る求人はオレンジ売りだけで、その呼び出しは何年も聞いていたが、やろうと思ったことは一度もなかった。自分が何かを売って歩けるとは思えなかったからである。しかし、いまやそれさえも見過ごすことはできない。

「オレンジ売り、一ドルにつき二五セント、日払い、昼食つき、雇い主は戸外」。紹介所の外へ出ると、荷台横のシートが巻き上げられ、光るオレンジの山を積んだ軽トラックが、すぐに目についた。浅黒くて痩せた南部なまりで話す男ブラッキーが、仕事を引き受けるように急き立てる。簡単に金になるし、力仕事でもない。彼は四人の売り子を募集していた。私が他の三人と一緒にトラックに乗り込むと、ブラッキーは同じような小さな家並が続くロサンゼルス郊外のウエストウッドへと車を走らせた。彼は、私たち一人ひとりにオレンジでいっぱいになったバケツを二つずつ手渡し、勝手口をノックして回れと言う。各々が住宅一並びを担当した。

最初の家の勝手口には、中年の主婦が出てきた。「何か御用？」私は緊張して口を開くことすらできず、バケツに手を伸ばすのがやっとだった。すると、彼女は微笑みながら、「入って、入って、二つとも、もらうわ」と言った。動揺しているのをさとられないように、私はその家の野菜箱を掃除し、きれいな紙で列を作って、オレンジを並べていく。硬いのを底にして、先に食べられるように熟れたのを上に置いた。トラックまで戻ってブラッキーにまたバケツをいっぱいにしてもらい、次の家のドアをノックすると、ドアを開けた女性は、満面に笑みをたたえていた。私を待っていたのだ。ろくに口も利けない売り子が箱をきれいにしてくれ、芸術品のようにオレンジを詰めてくれると隣の人が電話したに違いない。家から家へと同じことが続いた。ブラッキーはいつもついて来て、「調子が出てきたぞ、エリック」と励ました。彼は、私一人で割り当てをさばけると思い始めていた。セールスのやり方をおぼえ、主婦たちに歯の浮くようなお世辞を浴びせ始めると、オレンジは次から次へと売れていった。ある家では自分でオレンジを栽培したのかと尋ねられたが、私は農場と家族をでっち上げて、適当な作り話をした。そして、午後早々にオレンジは売り切れた。

遅い昼食をとろうと腰をかけ、稼いだ金を数えているうちに、しだいに深い疑念にとらわれ始めた。それはいままで感じたことがなかったもの――恥辱だった。平気で嘘をつき、お世辞を言い、たぶん何でもしたにちがいない自分に愕然とした。明らかに、物を売ることは私にとって精神を腐敗させる元凶である。おそらく物を売るためには人殺しさえ厭わなかったかもしれない。私は概して堕落しやすく、そうであるからこそ誘惑を避けることを学ばねばならなかった。

私がもうこの仕事はしないと言ったとき、ブラッキーは最高の売り子を失ったのだった。

運命の極点

私は再び職業紹介所のベンチにすわっていた。相変わらず仕事はほとんどなかったが、それでも一日いれば暮らしていけるだけの仕事にはありつける。私は真面目な労働者だった。仕事があるときは呼びたいから電話番号を教えてくれという雇い主もいたが、電話をもっていなかったので、紹介所に名指しで電話してくれと頼んだ。しかし、私が欲しかったのはそういう日雇い仕事ではなく、定職だった。

ある日、サンタフェ通りの導管倉庫の仕事がまわってきた。その倉庫は独立した石油業者相手に中古の導管の販売をしていた。経営者はシャピーロという小柄で快活な男だ。その当時はいまほど人種的な背景に関心がなかったから、黒人と白人、メキシコ人と中国人という区別はついたが、シャピーロがユダヤ人の名前であることは知らなかった。一日中、シャピーロの鋭い視線を感じていたので、また来てくれと言ってもらえるか不安だった。けれども仕事自体はきつくもなく、面白いこともあった。夕方、仕事が終わってから、シャピーロが倉庫にいた全員に向かってまた来てくれと言い、そしてその後、私の名前を呼んだので驚いた。「この仕事は好きかね。食べるだけの金はもっているかね。よく食べて牛乳を飲まなければいけないよ」と彼は言って、私に前金で一二ドル手渡してくれたのである。

こうして私は初めて定職につき、仕事をし、読書をし、勉強するという好きな日課を送るようになった。シャピーロとの間に友情が生まれたが、それは特別めずらしいものではない。この国では、雇い主と使用人がスポーツや政治について語り合うとき、そうした友情を示すものだ。シャピーロとの会話は本の話題が中心で、彼は私が何を読んでいるのか知りたがった。彼は大学を卒業しており、死んだ叔父さんが倉庫を残さなかったら、学者の道に進んでいたらしい。つまり、大学教授になる代わりに、やり手のくず鉄屋になったのだ。私は贖罪日《ヨム・キプール》に倉庫を閉めたのを見て、初めてシャピーロがユダヤ人であることに気づいた。それからユダヤ人に関する本を読み始め、シャピーロが私に関心を示したのは、彼がユダヤ人であるからだと確信するようになった。

ユダヤ人は特別な民族である。彼らは神を見つけ出し、その数に比して歴史的に大きな役割を担ってきた。ユダヤ人の神は他の神とは違い、怠惰な貴族ではなく、働き者の職長である。そうした神を崇拝し模倣した西洋においてのみ、機械時代が訪れた。中国人と日本人はその発明の才と技術習得力にもかかわらず、機械時代を招き寄せられず、西洋から受容しなければならなかったのだ。この考えにシャピーロは喜び、ぜひそのことを書いてみるべきだと言ってくれた。私はシャピーロからユダヤ人の話を聞くのが好きだったし、彼は「ユダヤ人は初めから読み書きができたから、文字の読めない者はいないんだ」とも語っていた。そうした社会にいたからこそ、イエスとその使徒たちのような普通の労働者が新しい宗教を始められたのだ、と私は思った。

古代の始まりからユダヤ人は、人間の顔に表れる象形文字を判読する能力に秀でていた。人間が何をしようと何を考えようと、それは顔に刻み込まれる。人間の顔はありとあらゆる秘密を明かす、開かれた本のようなものだが、それは象形文字で書かれており、それを解読できるのは一握りの人間だけである。シャピーロの倉庫で働いている間、ユダヤ人に対する私の関心は年々膨らんでいった。

シャピーロは、ルナン*の『イスラエル民族史』を読むように勧めてくれた。全部で五巻もあるその本はなかなか手に入らないものだったが、彼の書棚には揃っていた。いまどきルナンの歴史を読む者はほとんどいない。歴史家としてのルナンの評価は高くないし、心理学的説明が多すぎると批判されている。だが、実際に読んでみると、ルナンの『イスラエル民族史』は、人間の条件に関するすばらしい解説であった。人間の魂という課題に情熱的に取り組んだルナンは、すぐれた預言を残している。彼の所見は時を超えて有効であり、現代の最高の思想家たちよりも、現在の状況をより的確に照らし出している。

一九三〇年、私は二十八歳だった。それまでの二年間、シャピーロの下で働いており、マーサの予言どおり、もし四十歳で死ぬとすれば、残りの十年あまりを彼の倉庫で過ごすものと考えても無理はなかった。しかし、その前年シャピーロは、肺炎で死んでしまう。彼の死は、私にとって運命の極点のように思えた。いくらか蓄えがあったので、金がつきるまで一年間働かないことにした。その一年間で、残りの人生をどう過ごすか考えようと思ったのである。

* ルナン（Joseph Ernest Renan）　一八二三―九二年。フランスの宗教史家・言語学者。主

な著書に『キリスト教起源史』全七巻（一八六三―八三年）がある。『イエスの生涯』はその第一巻目。『イスラエル民族史』全五巻（一八八七―九三年）は『起源史』の序論をなす。なお、ホッファーは『波止場日記』の一九五九年二月十二日の項でも、『イスラエル民族史』に言及している。

構想された真実

初めての長い休みだった。月曜日、人びとが慌しく働いている通りをぶらぶら歩いたが、罪悪感もなければ、不安も感じなかった。アリの中のてんとう虫になったような気がした。多くのことを成し遂げた人物が二十七歳のときに初めて人生の目標を見つけたという、どこかで読んだ話を思い出す。つまり、偉大な人生においては、二十七歳の一年こそが重要なのだ。将来何かを成し遂げられるという兆しはまったくなかったが、残された人生で自分がやるべきことを見つけるために、二十八歳で休みをとったのだと考えると心が弾んだ。

視力が戻ったばかりのころに読んだ本をもう一度読んでみたくなり、ハムスン、*ラーゲルレーブ[**]、ドストエフスキーの本を再び手にとった。ドストエフスキーの『白痴』は、ほとんど内容をおぼえてしまうぐらい読んでいたが、ほかの作品は一度しか読んでいない。ところが、『罪と罰』と『カラマーゾフの兄弟』を読み返してみて、この数年間に自分の心が成熟していることに気づく。最初読んだときには理解できなかった物語の細部から大きな喜びを得ることができる。ドストエフスキーを初めて読んだころ、なぜか陰鬱な気分になったが、いまや最も悲惨な話にさえ、その底流に歓喜が感じられる。『罪と罰』を再読して、すばらしい構築の技法というものに私は今わずかながら気づいたのだ。それは数え切れないほどの細部を一つ一つ積み上げることによって、途方もない全体という印象を抱かせる、高い丸天井の大建築のようなものである。生きた存在を作り出す彼の技芸は何とすばらしいことか。厳密な分析と描写力の輝かしさはほとんど類を見ない。登場人物は言葉を発することで、生命を吹き込まれる。ほんの少し話すだけで、その人物は身のまわりの大半の人たちよりも生き生きとし、親しい親戚や友人よりも親密に思える。たしかに、登場する人物は、この国の人たちよりも、そしてたぶんロシアを含むどの国の人たちよりも、奇怪で突飛な存在だろう。しかし、そこには人間的なものの本質が凝縮されているのであり、どんなに常軌を逸した変わり者であっても、彼らはわれわれの心情と思考に近い存在だ。ドストエフスキーの極端さには、壮大なものが隠されている。それは人間という実体の核心にある激情的なものや、未知の深層とおなじみの日常生活の表層との間にある大きな隔たりを垣間見せてくれるのだ。

しかしながら、この時期ドストエフスキーやそのほかの作家たちよりも、私の心を支配した一冊の本があった。旧約聖書である。旧約聖書についてはずっと前から知っていたし、主な登場人物の名前やいくつかの話についても、よくわかっていた。けれども、それまで文章そのものを読んだことは一度もなかった。すべての宗教の源泉だと知りながら、旧約聖書を読んでみようと思わなかったのは、おそらく私自身、本質的に宗教感覚が欠けているせいだろう。いまや新たな好奇心が私を旧約聖書へと導いていた。ちょうど筋肉がついてきたという意識が、青年をウェイト・リフティングやレスリングへと駆り立てるように、精神が成熟してきたという意識が、私を未知の新たな仕事へと向かわせたのである。

こうして私は忍耐で身を固め、退屈で共感もありそうもない荒野へと出発したのである。だからこそ、最初の文章を読んだ瞬間に襲ってきた感動はまったく予期していないものだった。何と荘厳で、鮮烈で、新鮮な感覚だろう。素朴でぎこちないが、大胆ですべてを包み込む原初的な精神が、激しい好奇心を呼び起こし、直接的で正確で洞察あふれる壮大な科学的概念をめぐる構想力を喚起する。均衡と秩序を求める何たる情熱！　大胆な精神は、知識も道具ももたずに、多様な自然現象の混沌に打ち勝ち、それを関連づけ、から み合わせ、配列して一つの範型に収めようとする。ちょうど科学的精神が星の動きとアシナシトカゲの奮闘に等しく細心の注意を向けるように、ここでも一つの原初的な精神が、空や海、太陽、月や星、愛、死、産みの苦しみ、蛇の匍匐、人間と蛇の敵対、働くことの必要性、草や棘の存在、遊牧民と農耕民の反目、虹、言語の多様性などの原因と理由を見つけ出そうとする。言葉については、次のように記されている。

世界中は同じ言葉を使って、同じように話していた。東の方から移動してきた人々は、シンアルの地に平野を見つけ、そこに住み着いた。彼らは、「れんがを作り、それをよく焼こう」と話し合った。石の代わりにれんがを、しっくいの代わりにアスファルトを用いた。彼らは、「さあ、天まで届く塔のある町を建て、有名になろう。そして、全地に散らされることのないようにしよう」と言った。

主は降って来て、人の子らが建てた、塔のあるこの町を見て、言われた。「彼らは一つの民で、皆一つの言葉を話しているから、このようなことをし始めたのだ。これでは、彼らが何を企てても、妨げることはできない。我々は降って行って、直ちに彼らの言葉を混乱させ、互いの言葉が聞き分けられぬようにしてしまおう。」

主は彼らをそこから全地に散らされたので、彼らはこの町の建設をやめた。こういうわけで、この町の名はバベルと呼ばれた。主がそこで全地の言葉を混乱(バラル)させ、また、主がそこから彼らを全地に散らされたからである。(『創世記』11・1〜9)

障碍をものともしない驚嘆すべき道具としての衰えることのない構想力が、人間経験の本質をつぎつぎと抉り出す。どの行にも生が脈打つ。比類のない語り手たちの構想力が創造性を熱望し、同時に彼らの観察力を引き出す。注意に値しないものなど何一つない。動機も行動も物語も服装も慣習も数え切れないほどの細部も、きわめて鮮やかに描かれる。日常の現実に対する愛情が、隅から隅まで行き渡っている。善は悪とともに取り上げられる。完全を偽善的に示すものは何もない。どんな偉大な人間も欠点をもち、成功や美徳と同じくらい明確かつ詳密に描かれる。語り手たちによって構想された真実は、真実よりも生き生きとしており、真実よりも真実に近い。

人間の生全体を受け入れ、生の活力で満たされる社会は、感傷に流されない。未亡人と孤児を苦しませるな、よそ者を抑圧するな、貧困者に対して非情になるなという訓戒が、争いごとにおいて貧者の肩をもつなという冷めた諫言と並存している。

この世の現実に執着するあまり、古代ユダヤ人は来世のことを考えなかった。彼らにとって最高の報酬とは、自分の寿命を延ばしてもらうことである。将来の生活については、一言も述べられていない。「密雲も薄れ、やがて消え去る。そのように、人も陰府に下れば、もう、上ってくることはない」(『ヨブ記』7・9)。「倒れ伏した人間は、再び立ち上がることなく、天の続くかぎりは、その眠りから覚めることがない」(『ヨブ記』14・12)。

旧約聖書に書かれた歴史の構想された真実は、胸が躍るようなものである。英雄であれそうでない者であれ、すべての人物が血の通った本物の人間であり、二千年以上たった今も、われわれ自身の歴史に出てくるワシントンやリンカーンなどと比べても、より近くかつ親しみやすく思われる。モーセは話し、約束の地を眺めながらピスガ山の頂きに立つ。風が銀色のあごひげを揺らし、見上げる人びとの顔に彼の声が響き渡る。

主はあなたたちのゆえにわたしに対して怒り、わたしがヨルダン川を渡ることも、あなたの神、主からあなたに嗣業として与えられる良い土地に入ることも決してない、と誓われた。従って、わたしはヨルダン川を渡ることなくここで死ぬ。しかし、あなたたちは渡って行って、その良い土地を得る。

（『申命記』4・21〜22）

歴史の書き手がいとおしむダビデ王は、男らしさと女らしさが不規則に入り混じった魅惑的な人物である。大胆で、狡猾で、寛容で、利己的で、好色で、心優しく、尊大で、従順で、寛大で、執念深く、罪を犯すのも悔い改めるのも速い。老獪な外交官であり、組織者であり、詩人であり、音楽家である。剣にもハープにも涙にも、同等の重きを置く。称賛され、崇められるが、わかるのは彼の過去だけである——何も修整されていない。敵のサウル王は、無理やり王位に就かされた大柄で不器用な農夫で、憂鬱と不吉な予感で打ちひしがれている。陰謀家のサムエルの敵ではない。この不利な戦いについて読むとき、われわれはサウル王に同情する。

ヤコブとエサウの説明についても同様である。書き手はイスラエル民族の父であるヤコブを称賛しエサウを非難するが、両者の個性はともに展開し、それぞれ独自の生をもつ。

自分たちの考えとは逆に、歴史の書き手たちはエサウを愛すべき人間として描いている。彼は、赤毛の荒くれ者、熟達した狩人で、野の人である。心の温かい気立てのいい人間だ。食欲旺盛で、腹が減ると食べ物を得るためには魂をも売り渡す。収穫のない狩りから、疲れ、腹をすかせて戻るエサウを見よ。母親が可愛がるヤコブが、うまそうなヒラメ料理を作っている。エサウは、赤い野菜スープを食べさせてくれと頼む。そして、ヤコブにすべてを譲り、長子権まで渡してしまう。実際、年老いた盲目の父イサクは、この荒々しく男らしい息子を愛していた。エサウの衣の匂いを好み、「主が祝福された野の香り」（『創世記』27・27）と形容する。狩人が持ち帰る鹿肉と、彼が語る狩りの話や自分がもはや見ることのできない世界の移り変わりの話が彼は好きだった。歴史の書き手たちは、なぜあの憎らしいヤコブを民族の父に選んだのだろうか。向こう見ずのエサウよりも用心深く狡猾なヤコブの方が、生き残る力が強いからであろうか。そして、次のような疑問も湧いた。すなわち、偉人の大半は、強い意志をもつ母親に愛しまれた人たちなのか。

イスラエルの北の国の王で、書き手たちが「アハブのように、主の目に悪とされることに身をゆだねた者はいなかった」（『列王記』上、21・25）と記すアハブについてさえ、詳しく公平に描かれており、その結果、邪悪なアハブが魅力的な人物として立ち現れている。彼は農家の出で、野とぶどう畑を愛する心の優しい人物である。厳しい干ばつのときも「この地のすべての泉、すべての川を見回ってくれ。馬やらばを生かしておく草が見つかり、家畜を殺さずに済むかもしれない」と語る（『列王記』上、18・5）。そして彼は、宮殿のまわりを菜園にすることを思い立つ。宮殿の近くには、イズレエル人ナボトのぶどう畑があり、アハブはそれを菜園にしたいと考えた。絶対王の彼は、次のように言う――「お前のぶどう畑を譲ってくれ。わたしの宮殿のすぐ隣にあるので、それをわたしの菜園にしたい。その代わり、お前にはもっと良いぶどう畑を与えよう。もし望むなら、それに相当する代金を銀で支払ってもよい」（『列王記』上、21・2）。だが、誇り高い郷士のナボトは、「先祖から伝わる嗣業の土地を譲ることなど、主にかけてわたしにはできません」（『列王記』上、21・3）と言って断る。アハブは怒りを表さない。自分の意思を強制するために部下を呼ぶこともなく宮殿に戻り、寝台に横たわって食事もとらない。熱望しているぶどう畑を手に入れるには、シドン人の専制君主の娘でアハブの妻のイゼベルの単純な策略を待たねばならなかった。明らかに、アハブは弱い男だが、邪悪な人間ではない。その歴史に描かれた人物の中で最も文明的な人間の一人である。彼の統治下において、南の姉妹王国ユダとの関係が初めて友好的になり親密になった。アラムの王ベン・ハダドを打ち破ったときも、アハブは報復をせずに、ベン・ハダドを兄弟と呼んで釈放した。

旧約聖書に登場する人物で活力のない者は、ほとんどいない。王、聖職者、裁判官、助言者、兵士、農夫、労働者、商人、修行者、預言者、魔女、占い師、狂人、のけ者など、ページの中には数え切れないほど多くの主人公たちが登場する。これほど壮大な生のパノラマを綴った文学がこれまでほかにあっただろうか。随所で短く触れられるだけの人物たちでさえ、生き生きとし、身近に感じられるのだ。

使われている言葉は、不器用で支離滅裂だ。ファラオの夢に出てくる太った雌牛と美しいラケルを記述するのに、同じ形容詞が使われている。しかし、どういうわけか、文章は芽を吹き、花を咲かせる。法典さえ、春の田舎道を歩くように読み進められる。

同胞の牛または羊が迷っているのを見て、見ない振りをしてはならない。……同胞のろばまたは牛が道に倒れているのを見て、見ない振りをしてはならない。その人に力を貸して、必ず助け起こさねばならない。（……）

道端の木の上または地面に鳥の巣を見つけ、その中に雛か卵があって、母鳥がその雛か卵を抱いているときは、母鳥をその母鳥の産んだものと共に取ってはならない。

必ず母鳥を追い払い、母鳥が産んだものだけを取らねばならない。そうすれば、あなたは幸いを得、長く生きることができる。

家を新築するならば、屋根に欄干を付けねばならない。そうすれば、人が屋根から落ちても、あなたの家が血を流した罪に問われることはない。（『申命記』22・1〜8）

ユダヤ人が世界で最初の比類のない語り手であったという事実が、彼らが現在、諸科学や社会事象の理論家として卓越した先駆者の役割を果たしている原因なのかもしれないと私は思う。真実を構想して未知のものを思い描き、物語を語る能力は、未知のものを探るうえで必要不可欠な才能だからである。

＊ ハムスン（Knut Hamsun）　一八五九―一九五二年。ノルウェーの小説家。主な作品に『飢え』（一八九〇年）、『放浪者』三部作（一九〇六―一二年）、『大地の恵み』（一九一七年）がある。一九二〇年、ノーベル文学賞受賞。

＊＊ ラーゲルレーブ（Selma Lagerlöf）　一八五八―一九四〇年。スウェーデンの女流作家。

主な作品に『イェスタ・ベルリング物語』（一八九一年）、『ニルスのふしぎな旅』（一九〇六―〇七年）がある。一九〇九年、ノーベル文学賞受賞。

＊＊＊　本文中の聖書からの引用は新共同訳による。

休暇の終わり

仕事をやめ時間が自由になっても、一日中動きまわっていたのは自分でも驚きだった。町を歩くと、長年住み慣れた巨大なロサンゼルスの町が、初めて見る景色のように見えた。この時期、手ごろな値段のお気に入りの料理がいくつかあったが、肉汁をたっぷりを含んだ牛肉のかたまりと小さなジャガイモ、そしてニンジンとアメリカボウフウのスライスを濃い赤茶色のソースで煮込んだビーフシチューが、その一つだった。とくにヒル・ストリートにあるカフェテリアのシチューは最高で、毎晩そこで夕食をとっていた。

夕方、町をぬけて図書館と食事へと向かうとき、私はうれしそうにあたりかまわず嗅ぎまわるご機嫌な子犬のように感覚を研ぎ澄ます。巨大な都市の鼓動が聴こえてくるようだ。全身の毛穴から雑踏の緊張感が伝わってくる。しかし、何千という人びとの顔に視線を向けてみても、そこには印象に残るものは何もない。顔が虚ろなのだ。喜びの表情もなければ、哀しみの表情もない。何かに気を取られ、悩みをかかえている様子も見られない。不安や期待を表わしている顔もない。目に入れたすべての顔のうちで、おぼえているのは三つの顔だけだ。

一つは、歩道の端に立っていた中年女性の顔である。その女性の顔は青白く、ほとんど半透明だった。瞳には静かな絶望の色が表われていた。時折、人びとの行き交う通りに目をやったりしていたが、明らかに誰かと待ち合わせているようでもなく、行く当てもなさそうだった。

もう一つは、こわれやすい貴重品のように、子犬をしっかりと抱いた少年の繊細な顔。明るい目と顔は、驚きと優しさと誇りと恐怖を表わしていた。あたかも少年が動かない塊に命を吹き込み、そのことによって黒い鼻や赤い舌、歯や生きた眼、少年の指に触れるあばら骨や尻尾をもつ温かい生きた子犬——正真正銘の犬が少年の腕の中に現れたかのようだ。しかし、あんな小さな塊のなかで命は安んじていられるだろうか。そこに命は留まっていられるだろうか。

最後は、ある晩カフェテリアで夕食をとっていたとき、入ってきた黒い服を着た女性の顔だ。テーブルにつき、おずおずとあたりを見回している。明らかにこの町の人間ではない。おそらく外国人だろう。カフェテリアがセルフサービスであることを知らなかったからだ。穏やかな黒い瞳は、テーブルを拭いている清掃係をウェイターと勘違いして追っている。私は席を立って彼女のテーブルまで行った。彼女はぎょっとして私を見上げたが、私がかまわず食事の注文の仕方を話しはじめると、店を出ようと立ち上がった。私はこの店のビーフシチューを絶賛した。すると、彼女が口元にかすかな笑みを浮かべたので、そっとトレーの積まれているところまで案内して彼女が注文するのを見守り、食事の載ったトレーをテーブルまで運んであげた。気まずそうに困惑した表情の彼女に、私は「奥さん、私は怪しい者ではありませんよ。気にしないでください」と言って、自分のテーブルに戻った。彼女がもう一度微笑みをうかべた。これでいい。知り合いになりたいという気持ちは消えていた。彼女が不信の気持ちを抑えていたのを感じた。私は、本をしまいこみ、彼女にあいさつをして店を出た。

歩き、食べ、読み、勉強し、ノートをとるという毎日が、何週間も続いた。残りの人生をずっとこうして過ごすこともできただろう。しかし、金がつきたらまた仕事に戻らなければならないし、それが死ぬまで毎日続くかと思うと、私を幻滅させた。今年の終わりに死のうが、十年後に死のうが、いったい何が違うというのか。仕事に戻らなければ、どうなるのだろうか――乞食になるか、それとも泥棒になるか。ほかに選択肢はないのか。今になってみれば、そのときすでに、自殺という考えが心の奥底に巣食っていたのがわかる。決心するにはまだ十分時間があった。

一九三〇年の暮れが近づき、いよいよ金がなくなったらどうするかを決めなければならない時がきた。もう心は決まっている。自殺だ。あとはどう実行するかだけである。一気に死ねて苦痛のない方法を見つけなければならない。ピストルが理想的だが、警察の許可がなければ入手できないし、ガスは隣の部屋に漏れて、近くにある警報器が鳴ってしまう危険性がある。かといって、飛び降りや飛び込みは残酷すぎる。残るは服毒自殺だけだ。毒については『ブリタニカ百科事典』を調べるだけで十分だった。石炭酸のような重金属塩の腐食性毒物は、腸を破壊しながらゆっくりと効くので、苦痛が大きい。シュウ酸のような侵食性毒物はもっと微妙だ。血流の中に入り込むが、腸も破壊し、嘔吐も引き起こす。青酸カリのような全身性毒物は神経系統に回り、意識を失わせ、しかも速く作用し、痛みもほとんど伴わない。ベロナールのような強力な睡眠薬についても、多かれ少なかれ同じようなことが言える。

何軒か薬屋を回ってみたが、青酸カリは手に入れられそうもなかったし、ベロナールのような薬を買うには、医者の処方箋が必要だった。というわけで、シュウ酸を使うことにした。百科事典によると、それは漂白剤として広く使われているエプソム塩の結晶に似ているため、往々にして中毒症状の原因になるということだった。私は二五セントで大量のシュウ酸を買いこんだ。準備は一日で完了した。

自殺未遂

最後の日は日曜日だった。朝、目覚めたときから暗い不安が頭をよぎっているのがわかった。不安が部屋中を満たしていく。テーブルの上の本を見ても、部屋の隅に置かれたポットや皿を見ても、前日までのような愉快な親しみが感じられない。まるでタイミング悪く家族喧嘩の最中にやってきて、おずおずと帰っていく友人のようだ。何が起こったのか。その日の夜、死を迎えるという事実がそうさせたのではない。なぜなら、死にはイメージも声もなく、近づいても、見ることも聞くこともなく、恐怖をもたらすこともない。前日の夜更けになっても、心は穏やかなままだった。何時間ものあいだヤコブとその息子たちの物語を読み返し、その鮮やかな細部を楽しんだり、比類のない語りに感嘆したりしていた。いまや、私は暗い森の中で道に迷った者のようにそのままベッドを離れようとはしなかった。こうして、灰色のまどろみと陰鬱な目覚めの間で何時間も過ごし、ついに窓に暗闇が訪れて私を招き寄せた。今から思えば、私が急に不安にかられたのは、朝が「明日」の消失にほかならなかったからだ――死は一ヵ月先でも、一週間先でも、たとえ一日先でも、恐怖をもたらすことはないだろう。なぜなら、死の恐怖は「明日」がないということだからだ。

水を半分入れたビンにシュウ酸の結晶を落とすと、一部は溶けたが、残りはそのまま底に沈んだ。私は新聞紙に包んだビンを持ち、通りへと出た。苦しみの叫びが誰にも届かず、もし痛みのあまり助けを求めて引き返しても助からないように、人気の少ない町はずれまで歩こうとした。二マイルも走れば、毒は確実に体中に回る。

フィゲロア通りを南へ向かった。明るい歩道が私の心を和ませる。通り沿いのレストランは混んでいて、制服を着たウェイトレスたちが、テーブルのまわりやカウンターの後ろでせわしなく立ち働いている。食器のガチャガチャいう音や客たちの注文の声が、暖かい夜の中へ吸い込まれていく。車道では路面電車が音を立てて行き交い、まるで紐で吊るされたランタンのようだ。停車場で電車を待っている中年の男と少年が、明るい街灯に照らされている。少年が男のネクタイを直し、黒っぽい背広の襟をただそうと爪先立ちになり、何か懸命に話している。話が終わると、少年は再び男の手を握り、楽しくて仕方がないといったように足踏みをした。

市街を抜けると、歩道は殺伐としていた。町はずれの小さなレストランは、近所の住人たちのたまり場になっていたし、あちこちにある明るい照明を点けた八百屋は、巨大な暗闇の中で光を放つ島のようだった。

私は腕に抱えていたビンを持ち直し、「この通りに終わりがなければ……疲れもせず、悩みも不満もなく、このままずっと歩いて行ければいいのに」と強く思った。緑の草原と果樹園を抜け、青い海に出る道を思い浮かべた。足と腕をふり、ナップザックを揺らしながら歩くことほど楽しいことはないだろう。どこまでも続く道としての人生という不意に浮かんだ考えが、自殺への抵抗の最初の暗示だったことに、そのときは気づいていなかった。

もう道は泥道になっていた。処刑台のような油井やぐらが、急に目の前に現れた。道の左側の野原には、高く伸びたユーカリの木が一本ぽつんと立っている。足場の悪いでこぼこの地面をよろめきながら、そこまでたどり着いた。ビンを包みから取り出している間、熱にうなされたように思いがかけめぐる。私はビンのふたを外し、口いっぱいに一気にシュウ酸を流し込んだ。口中に百万本の針が突き刺さったようだった。激情に打ち震えながら、シュウ酸を吐き出した。つばを吐き、咳をし、唇をぬぐいながら、暗闇にビンを投げ捨てた。

つばを吐き、咳をし続けながら、急いで道へ戻った。泥道を走り抜け、セメント道に入った。舗道に響く足音は拍手のようだ。興奮して、独り言を言いながら、群衆にたどり着くまで走り続けた。ランプも、点滅する信号も、鳴り響くベルも、路面電車も、自動車も、人間が作ったすべてが自分の骨身の一部のように思える。ひりひり痛むほどの空きっ腹を抱えて、カフェテリアに向かった。

食事をとると、一本の道――どこへ行くのか何をもたらすのかもわからない、曲がりくねった終わりのない道としての人生という考えが、再び頭に浮かんできた。これこそ、いままで思いもよらなかった、都市労働者の死んだような日常生活に代わるものだ。町から町へと続く曲がりくねった道に出なければならない。それぞれの町には特徴があり目新しく、それぞれが最高の町だと主張して、チャンスを与えてくれるだろう。私は、それをすべて利用し、決して後悔しないだろう。

私は自殺しなかった。だがその日曜日、労働者は死に、放浪者が誕生したのである。

希望ではなく勇気

一九三一年から第二次世界大戦が起こるまでの十年間、私は放浪者として過ごした。自殺に失敗し、小さな袋を肩にかけてロサンゼルスを離れたとき、気持ちは軽やかだったし、広々とした田舎に出たときには、故郷に戻ったような気がした。恐れるものもなければ、新たな生活を始めるための準備期間も必要なかった。ヒッチハイクもせず貨物列車にも乗らず、南に向かって歩きはじめた。乗せて行ってくれるというのなら断らなかっただろうが、自分から頼むつもりはなかった。

気持ちよく歩いていると、詩が浮かんできた。言葉を探す作業は、体を揺らしながら歩く動作とうまくかみ合った。最初の一節はこうだ。

一人で歩くとぞくぞくする
野原が広がり空に出会う
そして山は夢のような青の中に浮かぶ
先を急ぐ風がささやいて行く

その詩が浮かんだ日の午後、車に乗せてもらうことになった。ドイツ語なまりのある運転手はアナハイムに行く途中だと言った。「どこへ行くのかって？　別に行き先なんかないし、ただ歩いているだけさ」と答えたが、彼は納得しない。「人間は目標をもたなくちゃいけない。希望をもたずに生きるのはよくないよ」と言いながら、彼はゲーテの言葉を引いた――「希望は失われ、すべてが失われた。生まれて来ない方がよかった」と。反論こそしなかったが、もしこの運転手の言うようにゲーテが書いているとすれば、そのころのゲーテはまだ小者だったのだ。アナハイムに着き運転手と別れると、すぐに図書館へと向かった。信じられないことに、その図書館には『ファウスト』しかゲーテの本を置いてなかった。急いで『ファウスト』のページを繰ってみたものの、干草の中から一本の針を見つけ出すようなものだ。そのとき、近くにブランデス*の書いた浩瀚なゲーテ論があったので探してみると、引用箇所が見つかった。やはり、運転手は間違っていた。ゲーテは「希望（Hoffnung）」ではなく、「勇気（Mut）」が失われたと言ったのである。[**] 図書館を出ると、近くのレストランの窓に「皿洗い募集中」の貼り紙が見えたので、しばらくそこで働くことにした。

そのレストランの経営者は二人の兄弟で、二交替で料理仕事をこなしていた。ロサンゼルスでは資本主義の悪について何度も耳にしていたし、資本家の強欲さが恐慌を招いたとも聞かされていた。しかし、資本家といってもいろんな人間がいるだろうと思っていた。そして、いま現役の二人の資本家を目にする機会が訪れたのである。私の見るところ、二人は兄弟ではあるが、まるで違う生き物のようにいくつもの点で異なっていた。一人は太っていて、もう一人は痩せていた。

太った方は、最高に楽しい男だった。働いているときも遊んでいるようだった。ときどきウィスキーをすすり、ウェイトレスの肩を後ろからぽんとたたき、気楽にやれと私に言う。客たちに冗談を言い、たらふく食べ、料理を楽しんだ。彼が当番のときは、店員たちも活気づいた。彼が強欲で情がなく、わがままな人間であることはわかっていたが、憎めなかった。おそらく破産しても、しばらくは落胆するかもしれないが、またすぐに本来の陽気さを取り戻すだろうと、いつも思った。彼なら、苦々しく思うこともなく卑屈にもならずに、どこかで働いて失った財産を取り戻すだろう。決定的なチャンスを見極め、目的のためには同胞たちさえ利用し踏み台にしながら、しかも楽しくやるだろう。万が一すべてが失敗したら、たぶん季節労働者になるだろう。浴びるほど酒を飲んで、過去の栄光を自慢するだろう。そのうちに欲も弱まり、食事や煙草を見知らぬ人に分け与えるようになるかもしれない。いずれにしても人に好かれるだろう。

一方、痩せた方はクラッカーを食べ、ミルクを飲んでいた。何度もレジの金を調べ、ガスを切り、いつも私にさっさとやれと命令する。何かうまくいかないことがあると、私が近くにいないかどうか見回し、必ず私のせいにした。「金を払ってるんだからな」というのが彼の口癖だ。給料を支払う段には、いつも金を二回数え、一〇セント硬貨を隠していないかと私の両手に疑いのまなざしを向ける。それからようやく恩恵でも施すかのように、金を手渡すのだ。もし彼が破産したら熱心な革命家になるだろう。自分の失望を毒に変えて、邪悪な世界を非難するだろう。虚ろな瞳で人殺しを考えながら通りを歩くだろう。

レストランで働いた数週間のうちに、幾人かの客たちとは知り合いになった。いつも元気だった私を彼らは「ハッピー」と呼んだ。客が多いときにはウェイトレスを手伝ったりしたが、そうするうちに自分が給仕の仕事が好きなことに気づいた。よい従業員やボーイになれただろうと思う。ある日、車に乗せてくれたあの運転手がレストランに入ってきた。あいさつをして図書館でゲーテの言葉を見つけたことを話し、間違って引用するのは犯罪だと冗談半分に忠告してやったが、彼は真剣に受け止めなかった。彼は希望も勇気も同じだと言ったのだ。私は最善を尽くしてその違いを説いた。熱くなって語っていたから、まもなくまわりの客たちも話に加わってきた。そして、ほとんどの人間が私に賛成した。

自己欺瞞なくして希望はないが、勇気は理性的で、あるがままにものを見る。希望は損なわれやすいが、勇気の寿命は長い。希望に胸を膨らませて困難なことにとりかかるのはたやすいが、それをやり遂げるには勇気がいる。闘いに勝ち、大陸を耕し、国を建設するには、勇気が必要だ。絶望的な状況を勇気によって克服するとき、人間は最高の存在になるのである。

＊　ブランデス（Georg Morris Cohen Brandes）　一八四二―一九二七年。デンマークの思想

家・文学史家。主な著書に『十九世紀文学主潮』全六巻（一八七二―九〇年）、『ゲーテ』（一九一四―一五年）ほかがある。

＊＊　ゲーテの詩「温順なクセーニエン」第八集の言葉。該当箇所の前後は以下のとおり。「財産を失ったのは――いくらか失ったことだ！／すぐ気をとりなおして、新しいものを手に入れよ。／名誉を失ったのは――多くを失ったことだ！／名声を獲得せよ。／そうすれば、人々は考えなおすだろう。／勇気を失ったのは――すべてを失ったことだ！／そのくらいなら、生まれなかった方がいいだろう。」（高橋健二訳）

サンディエゴへの途上で

私は放浪生活に戻り、再び歩き始めた。ロサンゼルスを発ってからサンディエゴに着くまで、どれぐらいの歳月が流れたのだろう。いまにして思えば、一生かかったような気がする。というのも、この歩き旅を通して一人前の農夫になれたからである。耕し、刈り取り、干草を積み上げ、灌漑し、接ぎ木することを学んだ。苗木畑で働くのがとくに好きになった。

さまざまな経験をしたにもかかわらず、この旅についてはあまり記憶に残っていない。鮮明におぼえているのは、二つのエピソードだけだ。ある日の午後、大きな操車場のある小さな町に入ったのをおぼえている。その町はエンドウ豆の産地で、私は豆摘みに行ったのだ。朝には豆摘み人夫を農場まで運ぶトラックが何台かやって来ることになっていたから、その一台に乗り込むつもりでいた。それまでの間、私は小さな広場のベンチにもたれて、あたりをぼんやり眺めていた。広場の真ん中には生い茂った木が一本あり、その枝は地面にまで届いている。シャツから伸びた腕がその茂みをかき分けているのが見えた。シャツの袖は汚れてほこりをかぶっていたが、そこには真珠のカフスボタンがついている。その不釣合いに、はっとさせられた。すぐに茂みのなかから全身が現れた。年は私と同じくらいで、髪は金髪でひげは伸び放題、見るからに汚い泥にまみれた酔っ払いだった。あたりを気にする様子もなく、彼はシャツのポケットから小さな鏡を取り出し、傷口に触れるかのようにひげ面をなでている。彼を困惑させないように、私は広場を離れた。

次の日の朝、豆摘み人夫たちがトラックに乗り込んでいるとき、彼がためらいがちに一人で立っているのが見えたので、私は視線を合わせトラックに乗せてやった。農場では隣の列を担当したが、彼は指先が器用で私と同じくらい豆を摘んでいた。夕方、仕事が終わって町に戻ってきても、彼は私の後についてきて隣の部屋を借り、同じレストランで夕食をとった。私たちは仕事上の相棒ではあったが、ほとんど言葉を交わすことはなかった。彼の名前はビルである。

まもなく、私たちが相棒以上の存在になっていることに気づいた。多くの季節労働者の名前を知っている地元の警官が、「あいつは数週間前に流れてきて、ずっと飲んだくれていて、死のうとしていたんだ」と言い、私が彼のためにしたことをほめてくれた。まわりにいる人たちも私たちが似ていることに気づき、兄弟だと思い込んでいた。

仕事が早く引けたある日のことである。私たちはシャワーを浴びて身なりを整え、操車場の様子を見に出かけた。ちょうど観光シーズンということもあり、操車場には着飾った人たちを乗せた豪華な客車が何台も並んでいる。しきりに外国語が飛び交い、目の前にはすばらしい世界がやって来ている。私たちが針金製の柵の近くにあるベンチに腰掛けていると、真正面の客車が転轍された。すると、後ろのプラットホームで白髪の男が若い女と陽気に話している姿が目にとまった。その男は立派な身なりをし、端整な顔立ちをしている。若い女も息を飲むほど美しい。これほど美しい人たちを見たのは初めてだった。話し続けながら、彼らは町のほうに一瞬目を向けた。すると女が男の腕をつかみ、興奮して柵のこちら側にいる私たちを指さしているではないか。そのとき操車機が客車を引き離した。私はビルの反応を見ようとしたが、そこには彼の姿はなかった。一人で部屋に戻ると、大家のおばさんが少し前にビルが出て行ったと言った。「急いでいて、何も伝言を残さなかったよ」。

その日の夕方、レストランから出ると、通りの向こう側から警官に呼び止められた。「会いたがっている人がいるんだが」と言い、私を交番へ案内した。期待で胸が高鳴ったが、そこで待っていたのは、あの客車の美しい男女だった。二人がじっと私を見つめている。男から「ビルはどこにいるんですか」と訊かれたので、ビルは操車場から急にいなくなって、部屋を引き払ってしまい、どこへ行ったのかわからないと答えた。彼の表情からは私の言葉を信じたのかどうかはわからない。次の瞬間、私の目は女の顔に釘づけになり、その美しさに見とれてしまった。彼女が近づいてきて私の手を握ると、その茶色の瞳に溺れそうになる。「もしビルを見かけたら、父と妻が探していると、そしてこれからも探しつづけると、どうか伝えてください。本当に家に帰ってきてほしいんです」と、彼女は訴えた。その声はいまでも私の耳にこびりついている。男は不思議そうに私の顔を見ながら、こう言った。「信じられません。あなたはビルと瓜二つです。私はエッカーマンと言います。ボルチモアから来ました。警察の方から、あなたがビルのためにしてくださったことを聞きました。本当にありがとうございます。これが私の名刺です。もしビルから連絡があったら、知らせてください。もし近くに来られることがありましたら、ぜひお立ち寄りください」。

そう言うと、二人は警官と一緒に交番を出て行った。彼らの顔は永遠に私の心に刻まれるだろう。なぜビルが家庭を捨てたのか、あれこれ詮索すべきではないと思った。

おぼえている二つ目のエピソードは、大きな貧民街のある海岸沿いの町での出来事である。その町に着いたのは夕方だった。翌朝、貧民街で目を覚ますと、大きなトラックが二台入って来た。山の中に道路を造ろうとしていた建設会社が、職業紹介所で日雇い人夫を確保する代わりに貧民街にトラックを送り込んだのだ。トラックに乗れる者は誰でも、たとえ片足であっても雇われた。荷台がいっぱいになると、運転手は後部の開閉板を閉めて車を東へと走らせ、われわれは山のふもとで降ろされた。着いてみると、会社の人間は一人しかおらず、装備品と糧食が一式置かれている。そして、測量技師が道路に印をつけ終わると、運ばれてきたわれわれだけで道路を造らなければならなかった。

私はここで途轍もないことが起こるのを目の当たりにした。鉛筆とノートを持っていた一人の男が、集められた者たちの名前を書きとめ、仕事を割り当て始める。すると、われわれのなかには、大工も鍛冶屋もブルドーザー運転手もハンマー打ちも大勢いたし、コックや救急療法士、職工長までいることがわかった。まずテントと料理小屋、トイレとシャワー付きの浴室を作り、次の日の朝から道路建設にとりかかった。われわれは専門家並みの仕事をしたし、できあがった岩の壁や水路はまさに芸術品だった。州の検査官がうろつき点検したが、なんの欠陥も見つけ出せず、仕事は順調に進められていった。こんなことがロシアやそのほかの国でも起こりうるだろうか。もし憲法を作れと言われれば、われわれのなかには「〜の事実に徴して」とか「〜なるが故に」とかいう表現をすべて知っている者がいただろう。われわれは、貧民街の舗道からすくい上げられたシャベル一杯の土くれだったが、にもかかわらず、その気になりさえすれば山のふもとにアメリカ合衆国を建国することだってできたのだ。

適応しえぬ者たち

メキシコ国境にあるサンディエゴは、道が終わる場所というだけでなく、世界が終わる場所のようだった。一九三〇年代初めのサンディエゴは、水夫と売春婦が住む小さくてさえない町で、最高の町だと主張することもなく、私にチャンスをくれることもなかった。ここまでたどり着いてみたものの、仕事はまったくなく、金がなくならないうちに出発しなければならない。来た道を北に引き返すか、砂漠を東に一八〇マイル横断してインペリアル・ヴァレーへ行くか、選択肢は二つに一つだ。

ある晩、卸売市場に迷い込むと、インペリアル・ヴァレーからキャベツを積んできたトラックが到着していて、荷降ろしを手伝い、エル・セントロまで乗せてもらうことになった。夜中の十二時ごろサンディエゴを出発し、月に照らされた峰や断崖を見ながら走り、エル・セントロの町はずれで降ろしてもらったときには明け方だった。寝袋に入り道路の端で寝ていると、バイクに乗った警官が通りかかり、操車場の近くにあるキャンプまで案内してくれた。そこでは、市当局が職のない季節労働者たちに食べ物と寝場所を提供していた。

一九三四年冬のエル・セントロの季節労働者キャンプ滞在が、私の思考全体を独特なものにし、以後五十年間に書くものすべての種子になろうなどと誰が予期しえたであろう。人間にとって自分の才能を発見し、それを磨いていくうえでどのような環境が望ましいかは、これまで多くの議論がなされている。エルサレム、アテネ、ルネサンス期のフィレンツェ、アムステルダム、パリ、ロンドンといった都市は偉大な作家、芸術家、科学者、哲学者の苗床だったし、いくつかの大学は創造的研究の中心だった。ツァー時代のロシアは世界的に著名な小説家や科学者を輩出したが、レーニンのロシアは知的には不毛であり、十八世紀の世紀転換期のドイツでは、帝政ドイツよりもはるかに多くのすぐれた著作や音楽が育まれている。また東洋は何千年も停滞してきたにもかかわらず、西洋では中世の終わり以降、目覚ましい創造の湧出を見た。こうした事実が示す規則性を見ても、一般的要因を考慮しても、エル・セントロの季節労働者キャンプが、私の思索者あるいは著述家としての潜在的可能性を探るうえで理想的な環境だったとはとても言えまい。

外から見ると、キャンプは工場と刑務所の組み合わせのようだった。高い針金製の柵が周囲にめぐらされており、中には三つの大きな丸太小屋と黒い煙をまっすぐに吐き出す巨大なボイラーが立っている。砂地の庭では、青いシャツとデニム製の労働服を着た男たちがぶらついていた。建物の前にある船の鐘が朝食の時間を告げると、最初に常時滞在者が食事を済ませ、それから一列に並んでいたわれわれに十分な食事が与えられた。朝食の後、数週間の滞在なら申請可能だと言われ、事務所で簡単な面接と健康診断をし、登録手続を済ませた。

キャンプには二百人ぐらいの男たちがいた。彼らは季節労働者になって以来数年間、一緒に仕事をし、渡り歩いてきた連中と同じ種類の人間だった。なかには農場や果樹園で一緒に働いたことのある、顔見知りもいる。しかし、私の心を捉えたのはある種の違和感だった。季節労働者たちと働いたり旅したりすることと、寝食を共にしほとんど一日中顔をつき合わせて過ごすことはまったく別のことだ。自分のまわりにいる者たちは、どんな人間なのだろうか。キャンプの外の人間たちと同じなのか。それまで季節労働者を人間の一つの明確なカテゴリーとして意識したことはなかった。一緒に渡り歩いた者たちを、私はただアメリカ人とメキシコ人、白人と黒人、北部出身者と南部出身者として見ていただけで、独自の特徴をもった集団だとか、特別な存在様式に適応させられた性質の中に何かがあるなどと考えたことはなかった。

私の視野を新たに広げてくれたのは、ささいな出来事であった。穏やかな風貌をした年配の男と会話が弾んだ。彼の柔らかな語り口と物腰が好ましく思え、互いにそれまでの経験を語り合った。話が終わると、彼がチェッカーをしようと言い出し、二人で盤の上に駒を並べ始めたとき、私は彼の手を見て驚いた。右手の半分が縦に切断されており、硬い三本の義手の指は鶏の足のようなのだ。私は右手を目の前に見せられるまで障害に気づかなかったことが恥かしかった。そして、揺らいでいた自分の観察力に対する自信をとり戻そうと、それ以後まわりの者たちの手を注意深く観察し始めた。結果は驚くべきものだった。二人に一人は、何らかの形で傷を負っているように見える。腕が一本しかない男が一人いるし、幾人かはびっこを引いている。木の義足をつけた若い男も一人いる。大部分の男たちが、まるで機械の鋭い歯車から逃げ出し、そこに体の一部を残してきたかのようだった。自分の印象が大げさすぎるように思え、食事の前に男たちが庭に並んだとき、びっこの人間を数え始めた。するとすぐに、ここにいることが何を意味するのかがわかり、数え終えるまでもなく結論が出た――キャンプにいるわれわれは、人間のゴミの集まりなのだ、と。

私は、同胞の放浪者たちの人間体としての価値を見極めようとし、生まれて初めて人の顔を意識的に見るようになった。良い顔立ちをした者も、若者の中には多かった。しかし、大多数は傷つき衰弱していた。皺だらけの顔やむくんだ顔、そして皮のはがれたプラムのように生傷を負った顔もあった。紫色に腫れ上がった鼻もあったし、折れた鼻も、毛穴が大きくなって窪んだ鼻もあった。歯が欠けている者も大勢いた。私は自信を取り戻しつつあった。キャンプにいる人間たちの決定的な事実がわかりかけてきたのだ。明らかに無傷で五体満足なのは、二百人中七十人だけだった。

人間の体つきと存在様式が深く結びついていることは、はっきりしている。われわれの大半は、社会的不適応者《ミスフィット》だった。われわれにとって定職につくということは軋轢を生むこと以外の何ものでもなかった。びっこになった者もいれば、怯えて逃げ出した者もいるし、酒に溺れた者もいる。六十人は確実に飲んだくれだった。われわれは、必然的に一番風当たりの弱い場所、つまり戸外の路上へと流れ出た。そして、いま秩序立った社会の下水路に浸かっている。普通の安定した地位に留まることができず、現在の泥沼へと押し流されたのである。しかし私は、この世界には、われわれでも、非常に魅力的で一度味を占めたら止められず、永遠に腰を落ち着けて取り組める仕事もあるに違いないと考えていた。

私はキャンプに四週間滞在した。その後、町の近くで干草作りの仕事が見つかり、結局、熱風が吹き始めた四月には寝袋をまるめて、ハイウェイをサン・バーナーディノへと向かった。新しい考えが私を捉え始めたのは、インディオを出た朝のことだった。インディオから続くハイウェイは、ナツメヤシの小さな森、グレープフルーツの果樹園、青々と茂ったムラサキウマゴヤシの野原を通り抜ける。そして、突如として広がる白い砂漠へと通じている。緑地と砂漠の間のくっきりとした境界線には、胸を打たれた。白い砂漠を緑の果樹園に変えたことは、私には魔法としか思えなかった。こういう仕事なら、キャンプにいる男たちでさえ飛びつくだろう。彼らは普通のアメリカ人並みの技術と能力は持ち合わせていたが、奇跡を起こすような仕事でないかぎり、自分の精力を注げないのである。砂漠に花を咲かせる開拓者ばかりの仕事は、まさにそうした仕事だろう。

開拓者としての放浪者?――ばかげた考えのように思えた。しかし、白い砂漠を横切って歩いている間中、この着想について思いをめぐらせていた。開拓者とは何者だったのか。家を捨て荒野に向かった者たちとは誰だったのか。人間はめったに居心地のよい場所を離れることはないし、進んで困難を求めることもない。財をなした者は腰を落ち着ける。居場所を変えることは、痛みを伴う困難な行動だ。それでは、誰が未開の荒野へ向かったのか。明らかに財をなしていなかった者、つまり破産者や貧民。有能ではあるが、あまりにも衝動的で日常の仕事に耐え切れなかった者。飲んだくれ、ギャンブラー、女たらしなどの欲望の奴隷。逃亡者や元囚人など世間から見放された者。そして、このほかに冒険を求める少数の若者や中年が含まれる。おそらく現在、季節労働者や放浪者に落ちぶれた者と同じタイプの人間が、一昔前は開拓者の大部分を占めていたのだろう。

新しい国への移住はほとんど例外なく、これに妥当する。オーストラリア移住の前衛を務めたのは元受刑者だったし、シベリアに定住したのは流罪者や囚人だった。アメリカでも初期と後期の移住者は失敗者や逃亡者、重犯罪人だったし、宗教的情熱に突き動かされた開拓者だけが例外である。

ともかく、この放浪者と開拓者の親縁性の発見は、私の心を強く捉えた。それから何年もの間、この発見は、表面的には放浪者にも開拓者にも関係ない多くの考察と絡み合い続け、それまで関心をいだくことがなかったテーマについて考えるよう、私を導いたのである。そして、人間の独自性とは何かという根本的な問題に突き当たったのだ。

人間という種においては、他の生物とは対照的に、弱者が生き残るだけでなく、時として強者に勝利する。「神は、力あるものを辱めるために、この世の弱きものを選ばれたり」という聖パウロの尊大な言葉には、さめたリアリズムが存在する。弱者に固有の自己嫌悪は、通常の生存競争よりもはるかに強いエネルギーを放出する。明らかに、弱者の中に生じる激しさは、彼らに、いわば特別の適応を見出させる。弱者の影響力に腐敗や退廃をもたらす害悪しか見ないニーチェやD・H・ロレンスのような人たちは、重要な点を見過ごしている。

弱者が演じる特異な役割こそが、人類に独自性を与えているのだ。われわれは、人間の運命を形作るうえで弱者が支配的な役割を果たしているという事実を、自然的本能や生命に不可欠な衝動からの逸脱としてではなく、むしろ人間が自然から離れ、それを超えていく出発点、つまり退廃ではなく、創造の新秩序の発生として見なければならないのだ。

季節労働者キャンプ

エル・セントロの季節労働者キャンプで過ごした四週間は、人生で最も鮮やかな思い出である。いまでもそこにいた多くの者たちの顔をおぼえているし、彼らの声も思い出せる。あれほど感性が研ぎ澄まされ、想像力にあふれていたことは後にも先にもない。一人でいるときこそが最も創造的なときだと信じて生きてきたが、思想の種子が芽生えたのは群衆の中に身を置いたときである。たしかに、私が最初にして最良の本を書いたときは完全に孤独な状態であったが、実際その本のなかで展開した思想は一人でいるときに生まれたものではない。

キャンプにいたときは、驚くほど言葉が口をついて出てきた。私がしゃべり出すと、いつも人びとが集まってきた。ささやかな経験でさえ魅力的な話として語れることもわかったし、文章を書くとき韻を踏む才能があることにも気づかされた。キャンプには、世界中の女と寝たことが自慢のオブライエンという元水夫がいて、彼のことを私がうたった詩「オブライエンという名が大事」は、今もカリフォルニアの人びとの間で歌われている。

女にゃさんざん出会ったぜ
東でも西でも
さほどじゃないのがほとんどだ
最高の女もいたけどな
残らずものにしてきたさ
ちょろいもんだぜ
なんてたって
俺の名前はオブライエン

メキシコのセニョリータといるときは

カバレロ役さ
オブレゴンと名乗るんだ
騎士で英雄なのさ
セニョリータたちは、貢いでくれたよ
山ほどもらったぜ
俺の名前を聞いて
勘違いしたのさ大統領と

フランスの淑女には
手を振ってやったんだ
ムッシュ・オブライアンと名乗ってさ
欲しいものは全部手に入れた
待つまでもなかったぜ
俺の名前を聞いて
勘違いしたのさ外務大臣と

ポーランド女と一緒のときは
最高についていたさ
だって俺の見かけは
ポーランド野郎そっくりさ
女は
アンナ・ロシンスキーと名乗ったよ
俺は言ってやったさ
ジョゼフ・オブリンスキーだってな

ロシアじゃ女は
豊満で強くてさ
人を引っつかまえて、もちあげて
真っ二つにしちまうほどだ
でも、俺にはやさしかったぜ
情が深くて内気でさ

だって、俺はオブラノヴィッチ
　本物の男だからさ

　キャンプの責任者が演芸会を開きたいと考えていたので、私はすぐに歌と踊りと愉快な寸劇の入った出し物を企画した。いまでもそのときのセリフや音楽のほとんどをおぼえている。ギターを抱えた男が、胸の大きな女にセレナーデを歌う寸劇があったが、そのなかではテンポのいいイタリア音楽に合わせてこう歌った。

　あなたが花なら
　私はミツバチ
　あなたがコップなら
　私はお茶
　私が働けば
　あなたは報酬をもらう
　あなたには力があり

私は願うだけ

私がダイバーなら
あなたは海
私が登る人なら
あなたは木
私が働けば
あなたは報酬をもらう
あなたには力があり
私は願うだけ

もう一つの出し物は、ドイツ人教授による浮浪者の起源についての愉快な講義だった。誰の力も借りずにすべての催し物を考えたが、頭の中は次から次へと浮かんでくるアイデアでいっぱいだった。そして書くことも身につけていった。けれども、新たに発見した才能と技術を商売にしようとも思わなかったし、贅沢な生活を可能にし、新しい才能を開花させてくれるようなまったく別の仕事を探そうともしなかった。

キャンプを出たとき、私は内面的に新しい人間になっていた。しかし、外面的には依然として、カリフォルニアの端から端まで農作物を求めて渡り歩く放浪者部隊の一員だった。おそらく以前より幸せだったのだろう――人間社会における不適応者《ミスフィット》の特異な役割というテーマに没頭して、農場で働いているときも、まわりにいる人たちと話しているときも心の奥では文章を練り上げていた。人生は輝かしいものに思えた。

飼い主と犬の関係

インペリアル・ヴァレーでの最初の滞在は、充実した季節労働者としての人生の第一歩であった。貨物列車に飛び乗りカリフォルニア中を移動する生活が始まり、考えうる最も規則的な仕事と同じくらい、くり返しの多い単調な日課ができあがった。私は春のテンサイの間引きから果物と野菜の取り入れまで変わることのないサイクルに従いながら、七月から十月まで金鉱探しをするための資金を貯めた。というのも、ボタン大の海綿状の金塊でもサクラメントで売ると四ヵ月暮らせるだけの金になり、読書と執筆と勉強のみの生活を送ることができたからである。金鉱を求める山師たちもいたが、彼らについてはよくおぼえていない。いずれにしても、私の人生は金とはほとんど無縁で、金鉱をたくさん掘り当てたことは一度もない。砂金洗いの四ヵ月は、きつい仕事に明け暮れる長く変わりばえのしない日々の連続だった。そんな毎日の中で鮮明におぼえているのは人びととの出会いである。振り返ってみれば、探鉱者としてよりも思索者・著述家としての方が、驚きが多かった。

探鉱者としての生活のなかで最も強く印象に残っているのは、プレイサーヴィル北部の峡谷で西洋梨とリンゴとジャガイモを栽培していたフィル・ハードウィックのことである。その年、私は運悪く金鉱を見つけられず早々に資金が底をついてしまい、山を下りていた。ある日曜日の朝、カミノとプレイサーヴィルの間のハイウェイを歩いていると、青いオーバーオールを着た農夫の運転する小型トラックが私の脇に止まった。トラックの荷台には石油用のドラム缶が一つ積まれていた。「仕事を探しているのかい?」と農夫が声をかけてきたので、「無一文なんだ」と答えた。

「西洋梨にスプレーをかけたことはあるかい?」

「やったことはないけど」

「それはちょうどいい。一度もやったことがない人間を探していたんだ。言う通りにやってくれるだろうからね」

フィルが再臨派であることは明らかだった。彼は土曜日を安息日にして日曜日に働き、肉を食べずにいつもミルクでゆでたトウモロコシを食べていた。庭の木につながれた彼の飼い犬の餌もまた、ゆでたトウモロコシととろ火で煮込んだリンゴだった。

給料をもらうまでフィルと一緒に食事をしなければならなかったのだが、最初の夕食のときすぐに彼の食べ方が変わっていることに気づいた。彼はスプーンを一回使うごとに皿をなめ、最後のひとさじを口に入れるころには、皿はきれいになっていた。食事が済むと、彼は犬にゆでトウモロコシを持っていくように私に言った。餌を持っていったにもかかわらず、犬は私に黄色い歯を剝き出しにして吠えたてるので、皿を地面に置いて足で押しやった。そのまま餌を食べるのを見ていると、奇妙なことが起こった。主人と同じように、犬が一口食べるごとに皿をなめるではないか。そして食べ終わったときには皿がきれいになっていた。もしかしたらこの犬は、主人のように肉も食べないのではないかと思った。さすがにフィルに訊くのは気が引けたが、それを確かめるチャンスがめぐってきた。ある日、彼がサクラメントに泊まることになったのである。私はフィルの不在をねらって、この犬の鼻先に揚げベーコンを置いてみたが、信じられないことにベーコンにはまったく見向きもせず、結局、トウモロコシとリンゴ煮を食べさせなければならなかったのだ。私にはこの犬がどうやって改宗したのか、いまだに不思議でならない。いわば、豚肉を食べないユダヤ教徒の犬を見つけたようなものだから。飼い主と犬の関係は、生の謎の一つである。

プルーン園にて

初夏はプルーンの収穫の季節だ。ある日の早朝、私は小さくて活気のないヒールズバーグという町に着いた。大きなプルーン園への案内人が迎えに来ているはずだと聞いていたが見当たらず、仕方なく小さな広場のベンチに寝袋を敷いて休んでいた。すると、まもなく白いひげをたくわえた老人がやって来たので訊ねると、たどたどしい英語で言った。「あなた、プルーン取り、したくない。きつい、汚い仕事。プルーン園の中でやる仕事あげる。プルーン洗い、簡単でペイもいい」。

私はその老人に連れられるままに郊外のプルーン園へと行った。着いてみるとそこでは、イタリア人の一群が、仕事にとりかかる準備をしていた。箱に入ったプルーンを苛性アルカリ溶液入りの水槽の中に空け、浮かび上がってきたプルーンを天日干しするためにトレーの上に広げている。私の相棒は茶目っ気のある目つきをした、巻きひげを生やした痩せた男で、真新しいカーキ色のシャツを完璧に着こなしていた。仕事を始めたとき、まだ空気が冷たかったので、私は厚手のジャケットを着たままだった。私たちは二人一組で、濡れたプルーンが広げられた重さ一〇〇ポンドにもなるトレーを、十八枚ずつトロッコに積み上げていく。積み上げ作業自体はきつくはなかったが、次から次へとこなさなければならず、息つくひまもない。私はすぐに汗だくになり、ジャケットだけでなくシャツも脱ぐことになった。それ以降、仕事はまるで急斜面をはてしなく登りつづけるようなもので、このままやれるのだろうかと思った。しかし、向かいの相棒を見ると、落ち着き払っていて、新しいシャツには一筋の汗も見えない。それどころかまるで遊んでいるかのようだ。

まもなく、私のまわりでおかしなことが起こっていることに気づいた。みなが私の様子をうかがっており、株式市場のブローカーのように、指で合図を送り合っている。そして、彼らはしきりに笑ったり、しゃべったりしていた。相棒は鼻歌を歌いながら、仲間たちにウィンクをしている。起こっていることが何であれ、それが私のことであるのは間違いない。それが何かわからなければ、自分の知力への自信が失くなってしまう。相棒の動きを注意深く観察してみた。なぜあんなに簡単に仕事がこなせるのだろうか。体は私の半分しかなく、力も二分の一なのに。突然、喜びがあふれてきた。わかった！　彼のトレーの持ち上げ方を見ると、自分の胸の方へ引かずに、下に親指を入れてトレーを私の方へ押しつけているではないか。神様が彼を私に預けていた。起ころうとしていることに彼はまったく気づいていない。次の瞬間、私が彼の方へトレーを押すと、彼は後ろによろめいて、濡れたプルーンが全身に降りかかった。彼の新しいシャツは汚れ、みんなの笑い声が響き渡る。相棒は汚れをふきとりながら、さんざん悪態をついた。私はすぐに手を貸して、何度も謝った。

再び仕事を始めた。今度は私がシャツを着ている間も、相棒はシャツを脱いでいた。目の前で起こったこととの性質の悪さが、少しずつわかりかけてきた。このプルーン園で働いているイタリア人移民たちは、おそらく何らかのつながりがあって同じ地方からやって来てヒールズバーグのあたりに住み着き、のんびりとした豊かな生活を送っている。彼らは家と一区画の土地をもち、そこで果物や野菜を栽培し、鶏や乳牛を飼い、ワインも自分たちで作る。そして、夏にはプルーン園で小遣いを稼ぐ。この暮らしは彼らにとって満足のいくものだったが、変化に乏しいものでもあった。彼らのなかには大酒飲みもいない。そこで、彼らは単調な生活に刺激を与えるものを考え出したのだ。プルーン洗いの季節になると、たいていは浮浪者だったが、日ごと見知らぬ者を連れて来てはトレーの積み上げ作業をさせ、その人間がどれくらい持ち堪えられるか、みなで賭けていたのである。彼らは精巧な賭けの仕組みを作り上げており、毎回大金が動いていた。

最後まで試練に耐えたことから、私は特別な人間と見なされた。午前中の仕事が終わると、彼らは私に握手を求め、背中をたたいた。昼にはイタリア料理を存分にご馳走してくれ、夜には給料日までの部屋とレストランの食券を用意してくれた。家族の一員として認めてくれたのだ。嘲笑する人びとの前で無防備な人間の精神力を打ち砕くという不愉快な光景を、退廃の一例と見なすことができなくなるほど、イタリア人たちは善意と友情を注いでくれたのである。

柑橘類研究所

それまで独りで勉強を続けてきたが、どういうわけか動物学と植物学には手をつけたことがなかった。化学、物理、鉱物学、数学、地理については大学の教科書をマスターしていたが、身のまわりにいる動物や植物はあまりにも複雑かつ神秘的であり、厳密な科学研究の対象にはなりえないと思っていた。しかし、ちょっとしたきっかけで、私は植物学にのめり込んでいったのである。

私は毎年、ナイルスの苗木畑で数週間過ごしていた。成長の香りがあふれる温室の湿った空気が好きだった。その年、ずっとトマトの苗木をボール紙の鉢に移し替えていたが、あまりにも退屈な仕事で続けられそうもなかった。ある日の午後、苗木の細根から土をほぐしていると、ある疑問が浮かんできた。なぜ苗木の根は下に向かって伸び、茎は上に向かって伸びるのか！　それはなぜ私が息をしたり、寝たりするのかというのと同じくらい、面白いほど素朴な疑問だった。誰かが同じ疑問を感じ答えを出しているに違いなかったし、植物学の教科書を調べさえすれば答えはわかるはずだ。しかし、私はいますぐその答えが知りたかった。すぐさま事務所に行って給料をもらい、貨物列車に飛び乗り、サンノゼの近くまで行った。

そこの図書館には植物学の教科書が何冊かあり、そのなかで一番厚いのを手にとったが、それはドイツ語から翻訳されたシュトラスブルガー*の本だった。私は部屋と皿洗いの仕事を確保して、その本を読み始めた。

ところが、ほとんど読み進められない。ラテン語やギリシャ語が頻繁に出てきて、辞書も役に立たない。私があきらめかけていたそのとき、信じられないような偶然が窮地を救ってくれた。

ある日、図書館の近くにある古本屋の廉価箱を見ていて、たまたま安っぽい紙に包まれた薄い本を手にした。それはドイツ語の植物用語小辞典だった。編者はベルリンの農業大学で植物学を講じているミューエ教授。申し分のない、期待どおりの代物で、用語の意味と語源の解説に加え、主要な植物学者の小伝と有名な植物学研究所の紹介までである。しだいに私はこの小辞典に愛着をいだくようになり、どんな質問にも答えてくれる不思議な賢人のように感じて愛用した。むさぼるようにくり返し読んだ後も、ずっとナップザックの中に入れて持ち歩いたのである。何年も後になって手放したが、その別れもまた劇的なものであった。

貨物列車の屋根の上でのことだ。植物学とはまったく関係のない思想の難問を考えつづけていたが、暗礁に乗り上げていた。その問題を解くにはより深く考え抜かねばならない。と、そのとき私の手が無意識にナップザックに伸び、ミューエの〝賢人〟を呼び出そうとしているではないか。どんな問題であれ、つねに答えを知っている人間がそばにいたら、自分自身で深く考えることをやめてしまうだろう。そうすれば、私はもはや本来の思索者でない。不愉快な発見だった。私はそうなることを拒み、ミューエの〝賢人〟を風の中に放り投げたのだ。

植物学は科学のほかの分野とは異なり、シュトラスブルガーの教科書を読み終えた後も、私の心を捉えて離さなかった。私は植物の内部で何が起こっているか明確にわかっていたし、問題をかかえている農夫にはアドバイスができるとも感じていた。あるとき、この植物学への関心が新しい魅力的な仕事へと私を導いてくれたのである。

砂金洗いの稼ぎだけでも収穫期までは十分暮らしていけたが、冬場はバークレーで給仕係のアルバイトをして、多少の小遣いを稼いでいた。そこで、スティルトン教授と出会ったのである。ある日、空いた皿を片づけていると、近くのテーブルで背の高い年配の男が、二冊の分厚い本を開いて背中を丸めながら、憤激して何かぶつぶつ言っている。私が「何かお手伝いしましょうか」と冗談半分に声をかけると、彼は頭を上げて、初めびっくりしていたが、私に微笑みかけた。彼が読んでいたのは紙が黄色くなったドイツ語の本で、もう一冊は独英辞典だった。すると、彼は力を込めて私にこう言い放った。「ドイツ語は、悪魔が発明した言葉ですよ。ページの頭から始まってページの最後に終わるたった一つの文章の意味がわからなくて、何時間も考えているんです。終わりまできたところには、初めの方を忘れているんです。運が悪いことに、この怪物のような文章には重要不可欠な情報が含まれていて、正確な意味を理解しなければならないんです。辞書はあまり役に立ちませんし」。私は、ドイツ語がわかるから、よかったら翻訳しましょうかと彼に言ってみた。教授は笑いながら本と紙と鉛筆をこちらに向け、私はその丸太のようなドイツ語の本を暖炉にくべられるほどの大きさに割った。彼は信じられないといった顔をして、再び笑いながら、驚くほど率直に話し始めた。

彼はカリフォルニア大学の柑橘類研究所長だった。当時、研究所は南カリフォルニアのレモン産地で発生した病気の調査に従事していた。その病気とは葉がまだらになり、そして黄色くなる白化現象が起き、ついには葉が落ちてしまうというもので、くり返される落葉により、レモンの収穫高が激減していた。研究所はよくやっていた。しかし、彼は所長として葉の白化に関する文献調査書を作成しなければならず、その文献は膨大な量で、大半がドイツ語で書かれたものだった。彼は「研究所で働く気はないかい？　一つの温室の管理人として雇われるが、実際の仕事はドイツ語の翻訳なんだが」と言った。私は即座に彼の申し出に飛びついた。翻訳をするだけでなく、白化関係の文献に浸かってやろう、そうすれば、解決策を見つけ出せるかもしれない。独創性には自信があったし、自分の植物研究についても彼に話した。こうして、大学の研究所の一員になったのである。

私はまず研究所がこれまでどのような成果を上げているか調べてみた。レモンの生産者も植物学者も、白化の原因は水不足にあると見ていたが、水を十分に与えている以上、多量の商業用肥料に含まれる毒性不純物が、根の組織を傷めていると考えられる。そこで、木のまわりの土を徹底的に濾過する対策がとられていたが、これまでのところ、事態は一向に改善されていない。ミューエの辞典を見つけたのと同じくらい、まったくの偶然によって、私は解決策を見つけ出した。土中のホウ素は微量でも白化を引き起こすという説明を読んだことを思い出したのである。もし硝酸ナトリウムではなく、硝酸カルシウムの硝酸肥料を使用すれば、カルシウムが不溶性化合物になり、根に対する害はなくなるはずだ——私はこの推論に飛びついた。

大喜びで教授のところへ走り、自分の仮説について説明して、最後に冗談半分にこう付け加えた。「大農場のレモン生産者に硝酸カルシウムを使ってみて結果を報告するよう電報を打ってください」と。

彼は笑って、興味ありげに私を見た。「そうだな。そうするとしよう」。そう言うと、すぐに電報を打った。

結果が出るまで数日かかった。そして、ある日、スティルトン教授が満面に笑みをたたえながら抱きついてきた。「成功だ！」彼は叫んだ。「白化に勝ったぞ」。

教授は研究所の仕事を用意してくれていた。しかし、私は本能的にまだ落ち着くべきときではないと感じ、放浪生活に戻った。

＊ シュトラスブルガー（Eduard Strasburger）　一八四四―一九一二年。ドイツの植物学者。一八九四年刊行の共著『シュトラスブルガーの植物学教本』が有名。

モンテーニュの『エセー』

季節労働者は集団で仕事をし移動するが、ビジネスマンと同じく、「すべての者が自分のために」がスローガンである。季節労働者の間では友情が続くことはめったにないし、金を一緒に貯めるなど、もってのほかだ。私はそうした稀な経験をしたことがあるが、それには絶妙な状況の組み合わせが必要だった。それを可能にしてくれたのは、モンテーニュの『エセー』の発見である。

私の自己学習は、砂金採掘の時期に最も目覚ましく進んだ。その時期には勉強し、考え、そして書くことさえ学ぶ時間があったからだ。三十四歳の冬、山に登ろうとしていたとき、雪に閉じ込められそうな予感がしたので、仕事のない日を過ごすために十分な読み物を用意しなければならなかった。一〇〇〇ページぐらいの本で、厚くて活字が小さく、挿絵のないものであれば何でもよかったのだ。古本屋でそんな本が見つかり、一ドルで買ったが、表紙には『ミシェル・ド・モンテーニュのエセー』と書かれていた。随想《エセー》が何かは知っていたが、モンテーニュについてはまったく知らなかった。

雪についての予感は当たり、閉じ込められている間に、私はほとんどおぼえてしまうまで、モンテーニュをくり返し三回読んだ。『エセー』は何百年も前のフランス貴族が自身のことを綴った本だが、読むたびに私のことが書かれている気がしたし、どのページにも私がいた。モンテーニュは私の考えの根底にあるものを熟知している。彼の言葉は的確で、ほとんど箴言調である。このとき、私はすばらしい文章の魅力というものを知ったのだ。サンホアクィン・ヴァレーへ戻ったときには、私はモンテーニュの引用なしには口を開けなくなっていたが、まわりの同胞たちもそれを気に入ってくれた。女性だろうと、お金だろうと、動物だろうと、食べ物だろうと、死だろうと、なんの議論になっても、いつも仲間たちは「モンテーニュは、何て言ってるんだい」とたずねた。そのたびに私は本を引っ張り出して、該当箇所を見つけ読みあげたものだ。いまでもサンホアクィン・ヴァレーにいる季節労働者たちの中に、モンテーニュの言葉を口にしている者がいても、私は決して驚きはしない。

私がモンテーニュを引用するたびに、マリオという小柄なイタリア人がとくに熱心に聞きたがった。一度その彼が恥かしそうに『エセー』から何節か読んで聞かせてほしいと言ってきたことがある。そのとき、私たちは綿摘みをしていて、戸外で生活していたが、ある日の夕方、食べ物を買いに店へ急いでいると、彼が袖を引っ張って首を振った。「これ、よくない。おいしい料理を作るから、食べに来なよ」。彼はコンロのようなものを持っていて、手早く料理を作ってくれた。その料理はいまでも忘れられない。

それから毎晩、私が食材を買い、彼が料理をしてくれるようになった。つらい一日の仕事の後に夕食を作ってもらうのは気が引けて、ある日、私はこう言った。「マリオ、君と僕は相棒なんだ。今度から午前中で仕事をあがって、午後から夕食の準備にかかってくれ。僕は午後も仕事をするから、その分の給料は山分けだ」。こうして、しばらくの間、贅沢な食事にありついた。彼が近所のイタリア人農夫からご馳走を仕入れ、私たちの食卓にはワインやブランデーまで並び、葉巻さえあった。祝いごとのある日には、特別の夕食も用意してくれて、オレンジの箱でテーブルを作り、きれいなタオルをテーブルクロスにしたのである。彼はいつも私が仕事から帰る前に食事を済ませ、レストランのウェイターのように食事を出してくれた。食事が終わると、葉巻をくゆらせ、ブランデーをなめながら、私が話をすることになっていた。モンテーニュはもちろん、テーマは西洋文明を創るうえでイタリアが果たした役割やアメリカの独自性などである。彼は子どものころに印象づけられた場面を再現しようとしていたのだろう。貧しいイタリアの村では、金持ちの地主のライフスタイルはさぞかし興味深いものだったに違いない。金持ちの男が友人たちとテーブルを囲んでブランデーを飲み、葉巻を吸い、談笑している庭を、小さなマリオが柵の外から覗いている姿が目に浮かぶようだった。

マリオはとくに野菜料理が得意だった。市場に並べられた野菜の、きれいでバラエティに富んでいたこと！　輝くトマトのピラミッド、濃いエナメルの光沢と眠れる美女の神秘を秘めた茄子の列、羽のような葉をたくさんつけたパセリに仕切られた大根、袋詰めされたグリーンピース、光るピーマンの山……。色も形もとりどりだった。しかし、こうした輝きは調理されると、すべて色も形もなくなり、ときには味さえも失われてしまうことが多い。野菜は皿の上にたたきつけられて死体のようになり、どれも同じ味になってしまう。マリオは、それぞれの野菜の風味と香りを生かした料理を作った。

茄子とカリフラワーを使った二つの料理は、とくに感嘆すべきものである。茄子の料理は、まず茄子の皮をむき、薄切りにして、それを一時間ほど日干しにし、こげ茶色になるまでオリーブ油で揚げる。それから、水を入れた容器に移し、切ったピーマンと少々のガーリックを入れ、黒くなるまで煮込む。すると茄子は、ソテーにしたマッシュルームのような味になる。カリフラワー料理もまた芸術的だった。カリフラワーの頭を中位の大きさに切り、溶き卵の中につけ、茶色くなるまで揚げる。それを容器に移し、塩をふり、ガーリックを少々加え、濃いレモネードをかけて、コクが出て金色になるまで煮込む。出来上がった金色のシチューは、花の香りがし、さまざまな風味が口の中でシンフォニーを奏でるかのようだった。

数週間、こうした生活を続けた。一九三六年のことである。ある晩、私はムッソリーニの話をした。なぜ高貴なイタリア国民が野卑で頭の悪いペテン師にしてやられたのか不思議だ、と。その途端、何か恐ろしいことが起こったことに気づいた。マリオは顔をこわばらせていた。そして急に立ち上がり、荷物をまとめて去っていった。それ以来、二度と私とは口を利かなかった。

怠け者ジョニーの話

ホップ摘みは、季節労働者にとって人間の温かみを感じることができるオアシスのようなものである。吊るされた蔓の木から薄い実を摘む作業は、清潔で簡単だ。隣の列の人たちと一緒に働いたり話したりできるし、身の上話やジョークを交わすこともできる。ホップ摘みには、ありとあらゆる身分の人たちが集まってきていた。専業の者はおらず、ほとんどが定年退職したビジネスマン、社会奉仕者、職人、学生、子連れの主婦などである。仲間内には温かい友愛の情もあった。みな一緒に戸外で生活し、星空の下で食事をし、眠り、歌って踊る。

私はホップ摘みの季節をサンタ・ローザ近郊のトレントン夫人の畑で過ごしたことがあ

るが、彼女と夫、そして背の高い三人の息子たちは、私を旧友のように迎えてくれた。トレントン夫人は胸の大きい見かけの地味な人だったが、彼女の結婚までの奇妙な経緯を聞いてから、私の彼女を見る目は変わった。若いころ彼女はとても美しく、サンタ・ローザの富裕な家庭で暮らしていた。一方、トレントン氏はごく普通のらば追いで、しかも悪漢の飲んだくれだった。ある日、トレントン氏はサンタ・ローザを車で通り抜けようとしていたとき、一人の若い娘を見かけて一目惚れしてしまう。彼は車を放り出し、町でその娘のことを訊いて歩いた。そして、それが終わるとさんざん酒を飲み、自分は最低の男だと触れて回った。酔いが醒めると、町で見かけた娘の家に行きひざまずいて、自分は最低の男で、あなたが妻になってくれなければ生きていけないと言ってプロポーズした。こうして彼女は結婚し、彼を厳しく管理した。彼女は実家から一銭も持参せずに、彼を働かせ、倹約をさせて、五十年後には夫婦二人で財を成したのだった。

ホップ摘みの間、夜はたいてい一緒に働いているブリューナー夫人のトレーラーの近くに寝袋を敷いて寝ていた。彼女は私を親戚のように扱ってくれ、黄金郷であるオーバーンに落ち着いて、私が自分の姪と結婚しないものかと思っていた。彼女の夫は定年退職した公務員だったが、陽気な人で、カリフォルニアを舞台にした御伽噺を作るのが趣味だった。彼がいなくなったら、すばらしい話はどうなってしまうのだろうかといつも思った。彼の御伽噺の中でとくに印象に残っているのが、仕事もせず人を騙して暮らしている悪名高い怠け者ジョニーの話である。

＊

ある日、ジョニーは北カリフォルニアを貨車の屋根に乗って移動している途中、お腹がすいて我慢できなくなった。いつもなら列車を飛び降り、何か食べ物を分けてもらえる近くの農家に行くところだった。ところが、そこから見える農家はジョーンズ未亡人の家だけで、彼女は木を切らないかぎり、怠け者には何も分け与えないことで知られていた。それでもジョニーは彼女の家に行くしかなかった。中庭へ入ると動物たちの笑い声が聞こえた。「おい、あれを見ろよ」犬が面白がって飛び跳ねていた。

ジョニーが玄関のドアをノックすると、そこにはすでに斧を手にしたジョーンズ未亡人が立っていた。窓越しに彼が来るのを見ていたのである。彼女は家の近くの木立を指して、言った。「斧ならここにあるわよ。あの木立の木を切って、薪にしておくれ。そしたら、食べ物を分けてやるよ」。ジョニーは斧を肩に担ぎ、彼女の犬についてその木立の方へ歩いていった。すると木々が口々に「見ろよ、あのジョニーが斧を担いでるぜ。こりゃ脇腹が割れるほどおかしいぜ」と言っている声がした。「割れる」という言葉を聞いて、ジョニーはしばらく考えた。これは神の御加護だ！　面白い冗談を言って木々を笑わせれば、彼らの脇腹が割れ、自分はそれを集めればいいだけだ。そこでジョニーは一本の木の下にすわり、中国人のきこりの話を始めたのである。

ゴールド・ラッシュの時代には、中国人が大勢、金を求めてカリフォルニアにやって来た。けれども彼らは金が豊富にある土を掘ることは許されず、白人が掘った後のくず鉱を洗い出さなければならなかった。ある中国人はくず鉱が尽きたので、きこりになる決心をした。斧を持って一軒の家のドアをノックした。女の人がドアを開けて言った。「何か御用ですか」

「きこりですが」と中国人は言った。

「おいくらかしら？」

「木を切って、薪にして、積み重ねて、一たな三ドルです」

「あら」と彼女は言った。「それはいいわね。切って、薪にして、積み重ねなしだったら、おいくらかしら？」

中国人は指で数えて答えた。「二ドル七五セントです」

女は微笑んだ。「切って、薪にしなくて、積み重ねなしだったら？」

中国人はまた指で数えて言った。「一たな二ドルです」

「いいわね」と女が言った。「切らなくて、薪にしなくて、積み重ねなしだったら？」

中国人は、また指で数え始めたが、少し戸惑ったようだった。もう一度指で数え直し、ついにこう言い放った。"You clazy."

木々は大喜びで笑い出し、脇腹を割った。ジョニーは木片を束ねて、農家に戻り始めた。ところが、木が一本だけまだ立っているのに気づいた。彼は犬にたずねた。「あの木は、どうなってるんだい？」

「ああ、あれかい」犬は答えた。「あれはイギリスのくるみの木さ」

ジョニーは首をかしげながら、また歩き始めた。一〇〇ヤードほど行くと、後ろで大きな音が聞こえた。彼が振り返ると、イギリスのくるみの木が脇腹を割って笑っていた。*

＊　イギリス人は反応が鈍いと、よく冷やかされる。

バークレーでの出会い

バークレーの冬の数ヵ月は、人とのめぐり逢いという点で収穫期や砂金取りの時期に比べて、はるかに充実していた。バークレーには、あのエル・セントロの季節労働者キャンプとかなり似たところがあり、どちらにも創造的な刺激と緊張がある。この驚くべき類似を説明するには、創造的な環境として小都市が果たす役割に触れるべきであろう。

文明はシュメールの小都市で生まれ、エルサレム、アテネ、フィレンツェ、アムステルダムといった小都市で進歩した。創造の担い手は個人である。創造的な環境の中で、個人は自らのアイデンティティを意識しつつ、共同体と結びついた生活を送ることができる。村では個人は共同体に埋没してしまうし、大都市では個々の人間が共同体を形成するのは難しい。つまり、村でも大都市でも、人とのめぐり逢いの可能性は小さい。バークレーも季節労働者キャンプも、その小都市の長所を備えていたのである。

バークレーでは、人との出会いは往々にして、新しい生活の可能性への扉を開く。学術的な仕事へと扉を開いてくれたスティルトン教授との出会いについては、すでに述べた。もう一つ私の心に大きな足跡を残したのは、エドワード・モールとの出会いである。そのとき、シャタック・アベニューのカフェテリアで給仕係をしていたが、そこは二十四時間営業の店で、私はたまたま夜番だった。

ある日の明け方近く、目を見張るような紳士がカフェテリアに現れた。彼は気品と威厳に満ち、顔立ちもよく身なりも際立っている。着ている服はテーラーメイドで最高の生地を使っており、素材の一つ一つにこだわりが感じられる。おそらく、われわれが結婚相手を選ぶより慎重にネクタイを選んでいるのだろう。彼はコーヒーを一杯注文すると、テーブルについた。どう見ても、セルフサービスのカフェテリアで食事をするような人間には見えなかったが、レストランが開くにはまだ早かった。

その彼が何かの拍子にズボンの脚を少し引っ張ったとき、片方の靴下に穴があいているのが見えて、私ははっとした。何とかしなければ、一日中気を揉むことになってしまう。

服装からすると、明らかに重要な会議へ向かう途中のようである。靴下の穴がそれを台無しにしてしまうかもしれない。私は急いで地階へ行って針と靴下の色に合った糸をとり、彼のテーブルに駆け寄った。すると、彼は私を見上げてびっくりし、紺色の瞳でじっと見つめた。靴下の穴のことを話し、繕わせてほしいと言うと、大笑いして靴下を脱ぎ、その場で私が穴を繕うのを見ていた。終わると、彼が財布から二〇ドル札を取り出して渡そうとしたが、私は自分の気がすまないからやっただけだと言って断った。彼は自分の名を名乗り、私の名前を訊き、握手をして別れた。

翌朝、同じ時間に彼がまた店にやって来た。そして美しい金時計をプレゼントしてくれた。「エリック・ホッファーへ 彼の思慮深さに対してE．M．より」と刻まれているではないか。私は心から礼を言い、しばらくおしゃべりをした。彼が何者なのか訊きもしなかったし、二度と見かけることもなかったが、五十年以上たった今でも、彼の記憶は鮮明に残っている。

もちろん、最も忘れがたいのはヘレンとの出会いである。

ある初夏の朝、レストランを出ようとしていると、赤い列車がシャタック・アベニューに到着するのが見えた。こんなに朝早く旅行しているのはどんな人たちなのだろう。列車からは若い女が二人降りたが、手には小さなスーツケースを持っている。明らかに初めての来訪で、列車を降りた場所であたりを見回している。様子を見ているうちに、急に話しかけてみたくなり、足早に彼女たちに近づいて「何かお手伝いしましょうか」と声をかけた。彼女たちは驚いたようだった。二人の女は昼と夜のようにまったく対照的である。一人は背が高くてとても美しく、もう一人はずんぐりしていて、きれいとは言えない。

「手荷物係さん?」とずんぐりした方がたずねた。

「いいえ、給仕係さんですよ」と私は答えた。

みな笑った。私は動揺を隠そうとしゃべり続けた。彼女たちは学生だろうか。大学はちょうど休みの時期で、次の学期が始まるのは数ヵ月先だった。サマースクールに出席しようとしているのだろうか。それなら、いろいろと落ち着くまで時間が要るだろう。

とにかく、そのときまず必要だったのは朝食である。私はスーツケースを持ち、レストランに案内した。私はテーブルをとり、カウンターに行き、オレンジジュースと果物とハムエッグを注文した。食事中も彼女たちは笑いっぱなしで、私を好奇な目で見ている。

きれいでない方の目に、私に対する疑いが見てとれた。私は言った。

「心配しないでください。別に私は頭がおかしいわけでもないし、知らない人に声をかけて朝食をおごるような趣味もありません。ただ、あなたたちが列車から降りるのを見たとき、急に走って行って話しかけてみたいと思ったんです。こんな衝動を感じることはめったにありませんが、感じたときは逆らわないようにしているんです。運命の指が私の背中を押したんです。住む所を探して荷物を持って行く人が必要でしょう。私は夜勤をしていて、昼間は暇だからお手伝いしましょう。部屋を借りるにはいい場所がありますよ。ユークリッド・アベニューから外れた丘の上です。家主のパーカーさんを知っていますし、家賃も高くないはずです」

私たちはタクシーを拾い、パーカーさんの家に向かうと、彼は若い女性に部屋を貸すのを喜び、彼女たちも湾がよく見えるその場所が気に入ったようだった。私は帰る前に、荷物の交換チケットをもらって彼女たちの荷物を運び、一緒に胸いっぱいの花束をプレゼントした。そして別れを告げると、彼女たちは驚いた様子で立っていた。美しい女性の名前はヘレンである。

ヘレンとの日々

出会ってから一週間後の深夜十二時過ぎ、ヘレンが私の働いているカフェテリアに入って来るのが見えた。彼女の方へ駆け寄ると、彼女がいきなり私の体に腕をまわして、キスをしたのだ。私たちは手を握り合ったままテーブルまで歩き、しばらく黙って見つめ合った。彼女の褐色の瞳の深さが不安をかき立て、私の鼓動を高鳴らせる。運命を感じた。運命が比類のない贈り物をくれたのである。けれども、自分にそんな価値があるのだろうか。その瞬間から、自分がまったく別の人間になることはわかっていた。どこへ向かおうと、どこへたどり着こうと、この信じられないくらい愛しい人がそばにいてくれるのだ。五十年後の今でさえ、生き生きとした彼女の姿を思い浮かべることができるし、手を伸ばして触れたいという衝動に駆られてしまう。

「どうしてあれから家に来てくれなかったの」とヘレンが言った。

「でしゃばりの給仕係だと思われたくなかったからさ」と答えた。

彼女は首を横に振った。「あなたは何をしてもいいのよ。愛すべき稀な人なんだから。みんなにあなたのことを話しているの。私たちの友だちになって。今晩、家に来てね。フレッドが美味しい料理を作ってくれるから、一緒に食事をしましょう。彼女の料理は最高なの」

カフェテリアにはほとんど客がいない。私たちは椅子にすわり、手を握ったまま、互いに不思議そうに見つめ合っている。私の手元にあった本を見て、彼女が何を読んでいるのかたずねたので、ドストエフスキーの『白痴』のことを話し、毎年読むようになった経緯も語った。彼女の瞳は好奇心で輝いていた。

もう彼女を家に帰す時間だと思った。その時間にバークレーで営業しているタクシー会社は一箇所だけだったが、運よくカフェテリアのある反対側の通りにあり、ちょうど運転手もいた。彼女を車に乗せ、運転手にタクシー代を渡すと、別れ際に彼女がもう一度キスをした。

私は感動のあまり、その場に立ちつくしていた。これは夢ではないのか。この世で一番美しく愛しい女性が夜更けに現れて、愛していると言ってくれたのだ。劣等感があったわけではないが、美しい女性が現れて、愛の言葉をささやきながら抱きしめてキスをしてくれるなどとは夢にも思ったことはない。自分が特別な人間だとも思ったことは一度もないし、遅かれ早かれ、分相応な境遇に落ち着くだろうと考えていた。

その日の夕方、パーカーさんの家に行くと、ヘレンとフレッドが温かく出迎えてくれた。フレッドが台所で夕食の仕度をしている間、ヘレンと私は窓辺でかすかに光る湾の夜景を見ていたが、彼女は私の腰に腕をまわしていた。しばらくして、フレッドが戻ってきて、エプロンで手を拭きながら、こう言った。「どうしてあなたが私たちに話しかけたのか、いまだにわからないの。でも、とても面白い素敵なことだったわ」。以前にエドワード・モールと出会ったこと、そしてそのきっかけが靴下の穴であったことを話しながら金時計を見せると、みな大笑いした。

料理が出来上がったので、ミートローフとバーガンディ・ワイン、焼きたてのイタリアパンが並べられるように、ヘレンがテーブルをセットするのを手伝った。私はお腹いっぱい食べた。私の生活に興味があるらしく、フレッドが次から次へと質問を投げかけてきた。農作物の取り入れと砂金取り、そしてバークレーでの冬のアルバイトという毎年のサイクルについて話したが、彼女たちは私が砂金取りをしていることに驚いたようだ。たまたま持っていた砂金を入れた小瓶を、彼女たちが不思議そうに眺めるのでプレゼントした。午後十時になり、私は家路に着いた。

その日以来、毎晩、彼女たちの家に行くようになり、まるで三人はいつも一緒にいるかのようだった。夕方のひとつのパターンが出来上がった。夕食の後お茶を飲みながら、私が思い出せるかぎり昔のことから話す。私の経験してきたことは彼女たちにとって別世界のことのように思えるらしく、子どものように目を輝かせて聞き入っていた。後になってわかったことだが、彼女たちは私の話を細大洩らさず全部おぼえていた。ときどき顔を見合わせているのを見ると、私の話が彼女たちの私に対する過大評価を確固たるものにしているのが感じられたのだ。ヘレンはこれまでの経験をぜひ活字にすべきだと主張し、信じられないほど興奮していた。

わかっていたことだが、ヘレンは衝動的で優しい心をもつ人間である。急にふざけだすこともあり、レスリングをしようと言い出すこともあった。若い力とかなりの技をもっていて、私からフォールをとることさえあった。

ヘレンの優しさは、神が創造したすべての生き物に行き渡っていた。ある日、パーカーさんが家のまわりの草取りに私を雇い、ヘレンがそれを手伝うと言い張ったときのことをよくおぼえている。私たちは草取りをはじめると、すぐに難問にぶつかった。地面を掘り返すと、そこは生命の宝庫だったのである。シャベルを回転させるたびに、褐色の背中とオレンジ色の腹と緑色の目をしたサンショウウオが出てくる。体をこわばらせて呆然としたような普通のトカゲ、クモ、ジャガイモカブトムシ、褐色や青のムカデ、カニのようなサソリやミミズもいるし、小さな蛇や柔らかい藁の巣をはった野ネズミなどもあちこちにいる。ヘレンはどんな生き物でも殺してはならないと言い、私も賛成した。私がどうにかこうにか土をひとかたまり掘り出すと、彼女が注意深く土をほぐして中にいる生き物たちを助け出す。生き物たちはまだ生を受けたばかりで、これからひと夏、食べ、つがい、繁殖するのだと彼女は語った。彼女は生き物たちを集めて、一つのかごに入れ、家の裏にあるアカシアの茂みに移していく。クモとジャガイモカブトムシだけは、かごから逃げ出すほど元気がよかった。

サソリとムカデは私が受け持ったが、毒をもっているのかどうか、私たちにはわからなかった。そこでヘレンが大学まで訊きに行くと、カリフォルニアムカデには毒がなく、サソリは有毒だということだった。殺すべきかどうか迷ったが、見るに忍びないのはサソリの死そのものよりも死ぬ前の痛みと苦しみである。二人とも同じ解決策にたどり着いた。麻酔薬だ。クロロホルムを一瓶買ってきて、液を含ませたガーゼを入れた瓶にサソリを入れて、固くフタを閉める。それだけでよかった。サソリたちはけんかをすることもなかった。

暗くなるまでには家に入り、夕食のために顔や手を洗う用意ができていた。

やがてヘレンは大学院生としてボールルト・ホール［カリフォルニア大学バークレー校のロースクール］に登録し、私たちはときどき大学のキャンパスで会い、カフェテリアの一角で昼食をとった。彼女にはたくさんの友人ができていた。ある日、彼女は私が高等数学と高等物理の講義を聴講することも可能なはずだと、数学部と物理学部の人たちが言っていると話した。彼女はそのころ、この二つの学部で驚くべき発見がなされ、ノーベル賞が授与されたことを教えられていたのである。私はそれについて何も言わなかった。彼女は言った。「あなたが一年中、私たちと一緒にバークレーで過ごせればいいのに。もし後で収穫の取り入れや探鉱に戻りたくなったら、そうすることだってできるわ。この数ヵ月、私たちは本当に幸せなの」。

彼女たちにはある計画があったのである。ある晩、フレッドが人生の目的について私を諭した。人間は目的をもっていなければならないし、自分の非凡な能力を無駄にするのは罪だ、と。彼女はヘレンから最近の物理学の動向について聞かされていたのだ。そして、私の理論化する才能を生かせば、奇跡的なことが成し遂げられるはずだし、物理学部の誰よりもすごいことができる。並外れた数学の力があれば、アインシュタインのようにもなれるかもしれない、と彼女は信じ込んでいた。

ばかげた話だった。二人の女性が、私を驚異の人物に仕立てようと決意している。まったく常軌を逸していた。私は心からヘレンを愛していたが、彼女たちの期待に応えるために、四十歳まで残されたわずかな人生を費やすのは、あまりにも惨めだろう。おそらく物理学部の人たちは、すぐに私が偽者だと気づき始めるだろう。どうして自分に並外れた才能があるなどと信じられよう。もしこのまま彼女たちと暮らせば、一時の平和も見出せないだろうと思った。私は一刻も早く行動を起こして、放浪生活に戻らなければならなくなった。こうして収穫期が近づいたある日、私は何も告げずに、バークレーを離れた。

アンスレーのこと

ヘレンたちとの別れから立ち直るには、何年もかかった。いや、実際には、決して完全に立ち直ることはなかった。心が引き裂かれたように感じただけでなく、体調のバランスも崩した。体にはできものができ、目がかすむようになり、眼鏡をかけなければならなくなった。

その年の冬は彼女たちのいるバークレーを避け、サクラメントで過ごした。私は人生で初めて寂しさを知った。喪失感と絶望感にさいなまれた人間は、自分がどこから来たのか、そしてどこへ向かっているのか、わからなくなるものである。歴史を失うのだ。この時期について、私は曖昧な記憶しか持ち合わせていない。情の深い娼婦のジェニーと親しくなったのをおぼえている。明らかに誰かと寄り添っていなければならなかったのである。もはや私は自己充足的でも冷淡でもありえなかった。収穫の取り入れのスケジュールにも変化があり、初めて綿花畑と鉄道で働いた。

ジェニーと知り合ったのは、ジャックのレストランである。私はちょうど山から下りてきたところで、四ヵ月ばかりほとんど人の姿を見ていなかった。ジェニーが私の向かいの席にすわり微笑みかけてきたので、私はいつも持ち歩いている砂金の小瓶を見せながら、金鉱採掘の話をし始めた。その夜、私は彼女のアパートに招かれ、私たちは一夜を共にした。彼女の職業を知り、金を渡そうとしたが受け取らなかったので、代わりに砂金の小瓶をプレゼントした。ジェニーとはしばしば会い、連れ立って食事や映画に行くこともあった。安らかな関係だった。

おかしな出来事を一つおぼえている。まったく狂わないので、私が大切にしていた安物の腕時計があった。ある日、ジェニーを訪ねた後、腕時計をなくし、彼女が見つけたかどうかを見に彼女の部屋に戻った。すると面白いことに、腕時計はベッドの横の壁にかかっているではないか。私はその古時計が余生を送るにはそこが最適だと思い、そのままにしておくことにしたのである。

ジョージ・アンスレーを最初に見かけたのは、フレズノ近郊の綿花畑である。そこは綿摘みにとっては理想的な畑だった。木の高さは中位で、大きな玉の房が気前よくぶら下がっていて、魔術師のように両手を振るだけで、綿が袋に入るのである。

ふと右側の列を見ると、綿摘みをしている男が目に入った。決して急いでいるようには見えないが、そのスピードに追いつくのは容易ではない。彼の両手はテンポのいいリズムで速く、無駄のない動きをしている。速い摘み手にふさわしい鳥のように鋭い顔をしているわけでもない。彼に追いつくためには、これまで以上のスピードで摘んでいかなければならなかった。ほぼ二時間そのペースで摘み続け、私たちはほぼ同時に自分の列を終えた。私が息をものむ競争だと見なしていたこの二時間の間に、彼はせめて私の存在くらいは気づいてくれただろうか。私たちはいっぱいになった袋を降ろし、彼は私を見て微笑んでいる。彼の笑顔には何か明るく新しいもの、いつもは瞳のビロードに隠されており、めったに表面に現れないものがあるように思われた。私が煙草の箱を出すと、彼もそうし、私が彼に煙草を渡すと、彼も私に煙草をくれた。そして、二人ともマッチを擦り、私は彼の煙草に火をつけ、彼は私の煙草に火をつけた。彼の顔にはずっと微笑みの余韻が残っていた。

私たちは言葉を交わすことなく、隣同士で何週間も働き続けた。農夫が袋の重さを量るときに呼んだので、彼の名前はわかっていた。彼が私を友人として受け入れてくれたのか、私の名前を知っているのかはわからなかったが、彼が絶対的に私よりすぐれた人間であると確信していた。彼のそばにいることは光栄なことだと思えたし、誰かがアンスレーのことを私の相棒だと言っているのを聞くと、何よりも嬉しかった。

それはたぶんこんな具合だ。地球は人間であふれている。町にも畑にも道にも人間はいるが、彼らに注意が向けられることは、めったにない。そしてあるとき、一つの顔が目にとまり、不思議な感覚に襲われる。地球上の何ものとも異なる人間の崇高なユニークさに、突然心を打たれる。「神は御心のままに彼を創り給えり」。そうした出会いには、他の惑星からやって来た何かに遭遇したときのような、寂しさがある。

アンスレーには、私にとって心配と不安の種だった癖が一つあった。畑に出ていて働いていないとき、袋かジャケットを広げて大の字になり死んだようになってしまうのだ。まるで生きていないかのように、何時間も同じ姿勢でずっと動かない。私はいつも彼が生き返るかどうか半信半疑だった。

ある日、請負人が一番摘みの畑で一〇〇ポンドにつき九〇セントだと言って、われわれを戸外へ引っ張り出した。ところが、外へ出ると二番摘みの大きな畑に変更し、同じ賃金率で摘むよう要求したが、われわれは拒否した。すると、南部の紳士である請負人は、脅したりすかしたりしながら、まくしたてていた。前の方にいた誰かがからかうと、彼は烈火のごとく怒ってその男に飛びかかった。しかし請負人が見事に殴られ、目のまわりなどそこらじゅうにアザを作って決着し、みんな大喜びで小躍りした。こんな大騒ぎの間も、アンスレーはどう見ても死んでいるかのように横たわっているのだ。

綿摘みの最初の年に一度だけ、アンスレーがしゃべるのを聞いたことがある。ハンフォードの近くの綿花畑でのことだ。農場主は当初われわれに、宿泊用の小屋とシャワー付きの浴室を用意すると約束していたが、実際には地面に張られたテントと水道の蛇口があるだけだった。一週間働いた後、われわれは仕事をやめようとしていた。給料の支払いが始まったが、農場主の計算は少しいい加減だったようだ。摘んだ量の割に給料が少ないと叫びだす労働者が何人もいた。農場主は誰かが分け前よりも多くもらっているはずだと疑い、アンスレーと私が、摘んだ量よりも多く給料を受けとったのだと考えて、私たちの方へやって来た。私はひとこと言ってやろうと身構えていたが、先に口を開いたのはアンスレーの方だった。彼は穏やかな口調でこう話しかけた。「旦那さん。エリックと私の分は、一回ごとに、全部重さをおぼえています。もしよろしければ、旦那さんのつけた数字と同じかどうか、言ってみましょうか」。たしかに、アンスレーは私たちの一日五回の測量分、計六十もの数字をすべて頭に入れていた。彼は抜群の記憶力をもっていただけでなく、私の名前も知っており、さらに私の関心事にも興味を抱いていることがわかった。

私の中でアンスレーとヘレンが重なることは、自然だった。二人は私の心の中で同じ場所に位置していた。人間の最も高貴な模範として二人は並び立っていたのだ。私はアンスレーをバークレーに連れて行き、ヘレンとフレッドに引き会わせることにした。

私たちはベーカーズフィールド操車場に行き、オークランドまでほとんど停車せずに、サンホアクィン・ヴァレーを通り抜ける急行貨物列車に乗ることにした。操車場を通過するとき、列車は通常速度を緩める。私たちはそれまで何度も時速一五マイルで走る列車に飛び乗っていたが、アンスレーに、私のことは気にせず有蓋貨車の鉄のはしごをつかんで、屋根まで上がるよう言う必要があった。後で合流できるだろう。列車は約一〇マイルに速度を緩めた。そして、私が有蓋貨車に上っていたとき、二、三台前でアンスレーが屋根に上がるのが見えた。屋根に上がって手を振ると、アンスレーも手を振った。私は動かずにじっとすわっているよう叫んだが、車輪の音で私の言葉はかき消されてしまった。

そのとき、彼が貨車の間をジャンプするのが見えた。彼を急かせてしまったのだ。列車はどんどんスピードを増していく。揺れる貨車の上を走るアンスレーの顔は、興奮で上気している。すわるように言ったが、彼は私の方へ来ようとしていた。速度を増す列車が大きくカーブすると、彼にほとんど手が届きそうだった。アンスレーがジャンプしたとき、列車が急に向きを変えた。彼は放り出され、後ろへ飛ばされた。両手が上がり、風をつかんでいた。空中に投げ出され、私が追ってジャンプすると、彼の背中が私の方へ飛んできた。今でも彼が足を引っ込めて、腕を横に伸ばし、ジャケットの襟に褐色の髪を巻きつけて宙を舞っている姿が目に浮かぶ。

目を開けたとき、私は誰かを探して何マイルも走ってきたような気がした。ひどく息が切れた。胸に何かが重くのしかかっていて、それから逃れようと目を閉じた。再び目を開けると、疲れた表情をした中年の看護婦が立っていた。

「アンスレーはどうですか」と私は訊いた。彼女は言った——「しゃべっちゃ駄目です。お友だちは、亡くなりましたよ」

ストックトンからトレイシーへ

私は疲れ果て朦朧としながら病院を出た。肉体的にも精神的にも憔悴しきってしまい、もはや再び農作物の取り入れと砂金取りのサイクルに戻る気力は残っていなかった。流れに身を任せる典型的な季節労働者の放浪生活を送るのがやっとだった。サクラメントにも戻らず、ヒッチハイクをしてストックトンまでたどり着いた。

トマトの取り入れの最盛期で、ストックトンの貧民街の歩道は、農場行きのトラックを待つボロをまとった労働者であふれかえっている。トラックが現れると、みな急いで乗り込み、私もその波に押し流されていく。五分も経たないうちにトラックは満杯になり、われわれは地平線に広がるトマト畑へと運ばれた。空箱を取るときも、トマトの木の列を取るときもみな急いだ。突然暗闇が訪れたが、どのように日が暮れたのか見る余裕のある者は誰もいない。帰りのトラックに乗るときも、日当をもらう列をつくるときも、客でごった返した安いレストランで夕食をとるときも、みなわれ先にと急いだ。

トマトの取り入れが終わると、農作物の取り入れの情報が多く集まるトレイシーへ行くことにした。トレイシー経由の貨物列車を待つ労働者の一人になったが、そこにいる二十人ぐらいの男たちはみな押し黙っている。私は漠然と前の方を見ながら、荷物にもたれてすわっていた。そのとき、トラックの向こうの水路から小さな男が上がって来るのが見えた。重い荷物を背負って息を切らしている。金ぶちの眼鏡をかけ、小ざっぱりした感じだった。われわれに微笑みかけ、荷物を降ろして、まだ息を切らせながら「なんて日だ！なんとかしてくれ。昨日どこにいたかも思い出せないよ」と彼は言った。私は彼の萎えた顔をまじまじと見た。赤みを帯びた血管が細かく張りめぐらされていて、青みがかった赤色をしている。大酒飲みで、たぶん前日にローズヴィルで飲み、ストックトン経由の貨車に転がり込んだのだろう。それでもまだ多少控え目に飲んだので、眼鏡と荷物はなくさずに持っていた。私の探るような目つきに気づいた彼は、私の横にすわった。列車が着くと、私たちは同じゴンドラによじ登り、私は彼が荷物を上げるのを手伝ってやった。まもなく、列車はスピードを上げ始めた。ムラサキウマゴヤシが生い茂り、牛が放牧された平原を通り抜け、泥水の川を越えると、トレイシーに到着した。

小男は操車場の道を知っていて、私を先導した。通りに出ると、前方にあるネオンを指さした。「雄鹿」という酒場だった。煙草のけむりと酒を飲む男たちでいっぱいの薄汚い店に入ると、小男は勢いよく荷物を降ろし、帽子を脱ぎ、ピアノの方へ歩いていく。まもなく店中に彼の奏でるピアノの音と歌声が響き渡った。"I Know You Are No Angel" という曲だ。私はピアノの横に腰掛けていたが、小男は勝ち誇ったように私を見て、彼の帽子を持って酒場を回るよう目配せした。夢の中の出来事のようだった。男たちは五セント硬貨をくれ、なかには一〇セント硬貨や二五セント硬貨をくれる者までいる。ドアの近くのテーブルに女がすわっていたが、酒場では紅一点だった。私が近づくと、彼女は高慢な感じで私をじっと見た。その美しい顔を見ると私の心臓は高鳴った。黒い瞳、小さな口と鼻、耳たぶのほとんどない小さな耳が、ヘレンを思い起こさせる。私は急いでピアノの方へ戻って、小男に帽子を渡し、荷物を背負って逃げるように酒場を出た。

陽射しの中に出ると、小さな鞄を肩にかけた男がやって来た。意気揚々としているように見えたので、どこへ行けばサンノゼ行きの貨物列車に乗れるか訊ねると、「一緒に来れば、教えてやるよ。トム・ウィングのレストランの前だから」と言った。

レストランの前のベンチには、荷物を手にした男たちが何人もすわっていた。そこで待っていると、レストランから鞄の男が、中国人の経営者とその妻子を従えて出てくるのが見えた。しきりに何か話している。彼の持っていた鞄はペンキ箱で、中国人は看板の塗り変えに一ドル払うことで、合意しているところだった。商談は成立した。ペンキ屋はカミソリの刃で「トム・ウィング」の文字を削ぎ落とし、見事な腕前で「リーのレストラン」と黄色のペンキで書いた。中国人が黄色じゃないと抗議すると、ペンキ屋は銀色に変えるからと請け負った。

まわりには人だかりができていた。歴史的事件だったのだ。ペンキ屋は私に巻き煙草を作るように頼み、それを取りながらこう言った——「兄弟、俺と一緒にいりゃ、飯には困らんよ」。ペンキを塗り終わると、彼は文字に白い粉を振りかけた。すると、黄色の文字が銀色に変わったのだ。みなが拍手をし、中国人は一ドル紙幣を支払った。ペンキ屋はレストランに入り、汚れを洗い落とし髪を整えて出て来た。そして列の先頭に立つと、彼は近くのワイン店に立ち寄ったので、私は外で待っていた。

アブナー・ウォードに最初に出会ったのは、ちょうどそのときである。彼は、彫像のようにまっすぐ動かずにベンチの端にすわっていた。立ち上がろうとしたが、立ち上がれずにいる。泥酔しているのだ。ある抗いがたい衝動に駆られて、私は彼の方へ行き腕をとった。まわりにいる人たちに彼がどこに住んでいるのか訊ねると、一人の少年が「知ってるよ」と言って、通りの先の掘立小屋を指さした。小屋まで連れて行くのは骨が折れた。アブナーのポケットから鍵を見つけてドアを開けると、小さな部屋は見たことがないほどきれいに整頓されている。彼をベッドに寝かせ、長靴を脱がせ、体を仰向けにして伸ばした。彼は感覚麻痺状態でそこに横たわっており、私はベッドのそばで彼の顔をじっと眺めていた。長い人生の中で何千という顔を見てきたが、心に刻まれ、心象風景の一部にまでなっているものは一ダースにも満たない。目の前にある顔は、そういう顔の一つだった。テーブルの上には、三冊の分厚い本、聖書と聖書注釈とH・G・ウェルズの『世界文化史大系』が置かれている。

暗くなってきたので、部屋の電灯を点けた。テーブルの上の本にざっと目を通してから、ベッドに目をやると、ようやくアブナーが動き始めた。横を向き、不思議そうに私を見たので、彼を抱えてここまで連れて来たことを話した。彼は「神の御加護あれ」とつぶやいた。四十歳くらいだろうか。その強靭な肉体はまだ青年のように引き締まっていたが、日に焼けた顔には深い皺が刻まれている。悲しみに沈んだ灰色の瞳は、濃い眉とふさふさした白髪に覆われていた。その顔は、何年間も絶望的な使命を帯びた男のものである。彼の声は響きやすく、ゆっくりとした口調で話した。ベッドから起き上がると、彼は言った「あんた、自分から悪い友だちを作ってしまったようだね」。彼はコンロへ行き、ほどなく私たちはチーズ・オムレツとグリーン・サラダを食べた。意外にも男は話し好きだ。明らかに、長年、完全に孤独な暮らしをしてきており、いま同情的な聞き手を得たのである。

今にして思えば、彼は自分の人生について、何週間もしゃべり続けていたような気がする。彼の不思議な話をつなぎ合わせながら、その思いもよらない結末について語ることにしよう。

羊飼いアブナーの末路

アブナー・ウォードは神を崇拝する男だった。彼の神はヤハウェであり、羊と牛が草を食み、人間が善と悪との間で引き裂かれる自らの魂と格闘する、開かれた空間の主である。アブナーは羊飼いで、大酒飲みである。

聖書を読んだ者で誰が羊飼いの生活を熱望せずにいられようか。アブラハム、イサク、ヤコブと彼の十二人の息子たち、モーセなどが羊飼いである。預言者の中にも羊飼いがいる。例えば、「テコアの牧者の一人であったアモスの言葉」。王たちは自分の民の保護者だったし、神自身も羊飼いである。「主は羊飼いとして群れを養い、御腕をもって集め小羊をふところに抱き、その母を導いて行かれる」。しかし、聖書に出てくる人物の中に、大酒飲みはほとんどいない。時折、酔っ払う者はいる。ノア、カルメル出身の羊飼いナバル、バビロン王のベルシャザル、ペルシャ王のアハシュエロスなどである。預言者たちは欲望や見栄、不倫や偶像崇拝を戒めるが、飲酒についてはほとんど非難しない。酒は今ほど呪われていなかったのである。

第一次世界大戦が終わってフランスから戻ると、アブナーは故郷のセントルイスに立ち寄ってから、カリフォルニアにやって来た。金や金色のオレンジのことなど考えたこともなかった。子どものころから、二つのことばかり考えていたからである。それはハチミツと羊である。最初に逗留したサクラメントでは、ハチミツのことを知っている者はほとんどいなかったが、羊の方は、職業紹介所の前の黒板に牧羊者の求人がたくさん出ていた。こうしてアブナーは羊飼いになり、誰よりもその仕事を満喫した。彼は動物をこよなく愛していた。彼が子犬から育てた犬たちは、正確かつ鋭敏に彼の言うことに従う。彼は同胞の人間に話すように犬たちに向かって話し、犬たちはそれを理解して、仕事をすべてこなしていた。

アブナーは、十五年以上羊飼いとしてカリフォルニアの大きな羊牧場のほとんどを渡り歩いた。彼はふつう一年ごとに羊牧場をかえたが、それはアルコール中毒のせいだった。

この彼の弱点は、動物への接し方や道具を扱う技術、困難な状況における臨機の才などと同様に、彼の本質の一部である。それは土地を耕し、家と納屋と家具を自分の手で作り、インディアンと戦い、苦難に耐えたのみならず、酒を作り樽から出して、それに浸った開拓時代の先祖から彼が受け継いだものだ。セントルイスに落ち着いて時が経ち、一族の生活が陳腐で不毛な酒浸りのものになったとき、少年は聖なるものへの漠然とした切望となっていまぜになった、開かれた空間への郷愁を強く抱くようになった。それが満たされぬものだとわかっていただけに、いっそう強く感じられたのだ。アルコールへの渇望は、彼の細胞の一つ一つに潜んでいたのである。

この十五年間、アブナーは酒への熱情を抑制してきた。羊の出産期と群れを高地の牧草地へ移動させる時期は、ずっとのどの渇きを堪えて過ごした。初秋に谷に戻ると、給料を受け取り、貨物列車に飛び乗った。たいてい最初の駅で降り、掘立小屋を借りて、飲んで食べて寝る日々を送る。そして金がなくなると、また一番近い羊牧場へ行って、しらふで一年間働いた。アブナーは酒への熱情と共に生き、それを信頼できる敵にしていた。毎年の酒宴についても、それを事前に恐れることもなければ、事後に後悔することもない。悩むことなく意図的に制限を緩めていた。そして、謙虚さと自信をもって、仕事に戻ったのである。

羊は決して生活に慣れることはない。目に入るものすべてを何か奇怪で予期せぬものと見なすからである。羊の知能が低いことは疑いないが、目立って人間らしいところもある。その孤独に対する恐れは、痛ましいほどだ。人間もまた羊と同じように、部族や民族で群れをなし、命を奪われるのではないかという恐れと、永遠にこの世の部外者になってしまうのではないかという不安から指導者に付き従っている。

羊がすべて似ているわけではないということは、アブナーにとって大きな喜びだった。首をまっすぐにして立ち、何かを考量しているように見える先頭の羊が、不意に群れを離れて前進し始める光景は、何とも見事である。群れには指導者のほかにも、何頭かずば抜けた羊がいる。それは自立した羊で、羊飼いにとっては喜びの源泉でもあり、失望の種でもある。そうした羊たちをデボラ、ミリアム、ジュディス、サミー、デイビッドと名づけ、アブナーは、まるで知人のことを話すように彼らについて語った。怖いもの知らずで冒険好きの十二歳の雌羊ミリアムの話をおぼえている。

その群れと最初に過ごした日のこと、アブナーはミリアムが小川へ行くのが見えた。水を飲み終わると、ミリアムは向こう岸の川土手に渡り、みすぼらしい樫の木の下で体を丸めている。犬のファズが彼女の後を追っていく。次に起きたことを話しながら、アブナーはくすくす笑った。犬が吠えながら自分のまわりを走っても、ミリアムは地面に頭をつけたまま、なんの心配もないといった様子で姿勢を変えない。犬は怒り、ミリアムに飛びかかった。しかし、すぐに甲高い声を上げながら彼女から離れた。アブナーは何があったのか様子を見ようと近づいて行った。すると、その雌羊は彼が来るのを見て、立ち上がり、何事もなかったかのようにゆっくりと小川を渡り、群れに戻ったのだ。

アブナーの最後の仕事場となったのは、トレイシーの南のブルースター羊牧場である。黒い鼻面を持ち表情に富む目をした一歳の驚くべき雄羊ジョエルに出会ったのは、その牧場だった。アブナーが来た瞬間から、ジョエルは犬のように彼について回った。ファズが追い払おうとすると、ジョエルは反撃した。結局、ファズとジョエルは仲良くなり、アブナーはジョエルにリーダーシップを教え込もうと考え始めた。ジョエルはすでに、アブナーの命令どおりに横になったり、立ち上がったりしていた。物覚えが良かった。指示に従う羊のリーダーを養成できれば、一大成就だ。

ブルースター農場での滞在は、アブナーが突然、抵抗しがたい渇望に襲われ、仕事中に酔っ払うまでは幸福なものだった。品のよいブルースターは、アブナーがようやく酔いから醒めると、優しくこう言った。「酒への欲望を自分の体から追い払わないと駄目だね、アブナー。あまりにも長い間、自分の体の中に閉じ込めてたんじゃないかな。サクラメントかストックトンにでも行って、しばらくゆっくりしてきたらどうだい。映画でも何本か観て、通りを歩く人を眺めるのも、いいんじゃないかな。楽しいおしゃべりが、酒の悪魔を追っ払ってくれることだってあるよ。私も昔は酒飲みだったが、今じゃ一滴も飲んでないんだ。できるんだよ。自分を取り戻したら、すぐにでも戻ってきておくれ。働き手としても友人としても、私は君のことを高く買っているんだ」

ジョエルもファズも、老人の言葉の意味がわかるかのように、アブナーを見て立っている。アブナーは言った。「世話をするならジョエルをお薦めしますよ、ブルースターさん。こいつは最高です。ファズも置いていきます。ここの方が幸せでしょうから」。彼はジョエルを囲いの中に入れ、ファズをコショウボクの木に鎖でつないだ。そして、寝袋をまるめて肩に背負い、ハイウェイへの道を歩き始めた。ジョエルは柵のそばを走り続けながら、大きな声でメーメーと鳴いた。アブナーは一瞬立ち止まったが、あきらめたように手を振って、またとぼとぼと歩き始めた。

私とアブナー・ウォードのつきあいは、出会ってから三週間ばかり続いた。いつも彼がしらふになった合間に、私たちは会った。かつて金がなくなって新しい仕事を見つけたときのように、彼が酒をやめる気配はまったくない。彼は絶え間なくしゃべり続け、面白い話をした。私はいい聞き手だった。

四月の終わりのある日、アブナーが線路を横切ろうとしていたとき、南から貨物列車が入って来て、彼の行く手を遮った。タンク車、有蓋車、家畜車がつながった列車だった。列車は動き始め、タンク車を切り離すと、ガタガタと音を立てて揺れながら突然止まった。

音が静まったとき、アブナーの擦り切れた神経が突然緊張した。熱に浮かされたような彼の目は、羊を積んだ家畜車を捉えた。刺すような臭いが鼻をつく。元気のよい鳴き声からして、まださほど長旅はしてないようだ。彼は家畜車に近づいて、細長い隙間から羊たちの様子を覗いた。羊たちは不安げで、中はひどく混雑している。短い旅の途中で、たぶんストックトンの食肉処理場まで行くのだろう。羊毛で覆われた背中のモザイクを見回していているうちに彼は、家畜車の一番向こうに、波打つ群れの中に競泳者のように頭を出している黒いサル顔に気づいた。群れに押されて、力のかぎりメーと鳴いている。アブナーの頭の中で、ある言葉がはじけた。「ジョエル！」またエンジンがかかり、家畜車が不快な音を立ててぶつかり合ったので、アブナーは飛び離れなければならなかった。

家畜車が再び動き出した。アブナーは甲高い叫び声を上げ、よろめきながら列車を追いかけていく。有蓋車の鉄のはしごに乗った制動手が彼に向かって叫び、離れろと手を振る。それでもアブナーは転びながら、そして叫びながら走り続ける。有蓋車が切り離され、羊を乗せた家畜車など残った貨車が後方に動いて止まった。

泣き叫びながら羊の乗った貨車を切り離そうと、レバーや空気管を手当たり次第動かしている酔っ払いを見ようと人びとが集まってきた。制動手が列車の屋根の上を走ってきて、彼に飛びかかったが、アブナーは彼を一撃で倒した。もう一人の制動手も同じ運命で、警官も腹を蹴られて気絶した。アブナーはずっとむせび泣いている。「ブルースターの野郎、ジョエルの面倒を見ると約束したのに、もうすぐ殺されちまうじゃないか」。彼はその家畜車を切り離すことはできなかったが、ドアを開けることができた。羊たちが次から次へと重なり合って貨車から逃げ出していく。一方、アブナーは十二人の警官と乗務員たちに取り押さえられ、留置場送りになった。

次の日、面会に行くと、彼はストックトンの精神病院に移送されたということだった。

農場主クンゼの遺書

貨物列車がフレズノの操車場に着いたのは、午後遅くになってからである。われわれはこれから先の見通しも立たず、腹を空かせて疲労困憊していた。もう閉まっていることはわかっていたが、州立無料職業紹介所の方へと自然に足が向いた。われわれは紹介所の階段に腰を下ろし、物憂げに夕闇を見つめていた。そこへ突然、小さな黒のフォードが来て、紹介所の前に止まった。背の高い年配の運転手が車から降りると、微笑みながら言った。「よかった！　干草作りを手伝ってくれる人なら全員欲しいんだ」。われわれは車に乗り込み、暗闇に向かって走った。

着いたときにはもうすでにあたりは暗く、アーサー・クンゼの農場はほとんど見えなかったが、灯りのついた窓のある水漆喰を塗った家が一軒、大きな掘立小屋が数軒だけ見えた。クンゼはまずわれわれに寝台を見せ、それから食事小屋に案内すると、女がコールドカットとコーヒーを出してくれた。暗闇では大きな鳴き声がしていたが、それは林の中にいる雄クジャクの声だった。

私はクンゼの農場で二ヵ月ばかり働いた。クンゼは食事小屋でわれわれと一緒に食事をし、進んで話しかけてきたし、時には話が盛り上がることもあった。彼はフランクリン・D・ローズヴェルトを憎んでいて、「あいつはこの国の特質を弱め、乞食の国にしようとしている」と語っていた。出される食事は美味しく、量も十分あった。

食事小屋の一角には小さな図書室があって、本を借りるときと返すときには台帳に名前を書くことになっていた。私は独学を希望する者のために全科目の教科書を揃えてはどうかと提案してみた。すると、彼は私の提案に興味を示し、私の将来設計と生活様式について知りたがった。

ある日、クンゼは私を自分の家に招き、酒と煙草をすすめてくれた。彼は季節労働者としての私の生活に強い関心を抱いていたのである。なぜ君のように知性のある人間が人生を浪費しているのだと訊き、さらに「知らぬ間に、不自由な一文無しになってしまうぞ。

安定した生活なしに、どうやって生きていくんだ」と言った。彼は私の答えを待たずに、自分の身の上話を始めたのだが、それは奇妙な物語だった。

クンゼはウィスコンシンで生まれ、一八八二年に十七歳でサンフランシスコに行き、材木置場で働いていた。ある日、ずっと心に焼きつけられ、彼に人生を形作る情熱を注ぎ込むことになった光景を目にすることになる。猪首の若い現場監督が、材木の種分けをしている痩せ衰えた老人に手を貸していた。老人は短い方の端を持っていたが、突然、手を放してしまった。指が動かなくなっていたのだ。材木は落ちて音を立て、危うく現場監督のつま先に落ちるところだった。現場監督は怒り狂い「このくそ爺！　とっとと出て行け。ここは年寄りなんかの来るところじゃねぇ。蹴り出してやる」と怒鳴り散らしたのである。老人はその場で自分のこわばった指を驚いて見つめながら、呆然と立ちつくしたままだった。

その事件の日が、材木置場での最後の日となった。クンゼは金物屋の店員となり、一つの目標をもち、それに向かって猛烈に突き進んでいく。怒号を浴びせる現場監督の姿が、彼に金持ちになることを決意させたのである。彼は二十五歳で店長になり、四十歳で大きな金物店の社長になった。かなりの財産を築き上げ、ついに安定した生活を得たと感じられた。もうクンゼの尻を蹴飛ばす者は誰もいないだろう。

ところが五十七歳のとき、クンゼは金の力を信じなくなり、あの怒鳴る現場監督が完全に復活し、彼を後ろから蹴飛ばそうとしているという恐怖心を抱くようになった。第一次世界大戦後のドイツやヨーロッパ諸国の猛烈なインフレのニュースが、クンゼをパニックに陥れたのである。緑色のドル札が安全な生活の象徴ではなく、差し迫った大惨事の予告者になっていた。

彼は急いでドイツに渡り、無価値になった通貨がもたらした混乱の影響を見て回った。かつては夢であり無敵の権力の象徴だった、白い一〇〇〇マルク紙幣が紙切れ同然になり、ひとかたまりのパンを買うのに数百万マルク必要だった。その状態は、第一次世界大戦やロシア革命よりも深刻な史上最悪の大惨事のように思えた。金が消えていくのには、何か猥褻なものに似た気持ちの悪い醜さがある。クンゼは、ベルリンとパリとロンドンの米国大使館に立ち寄った。彼らは何が起こっているか、わかっているのだろうか——西洋文明とキリスト教の運命が細い糸で宙吊りになっているというのに。貯金や懸命に稼いだ金の価値が失われるのを目にした者は、文明や制度に対する信仰を失ってしまうだろう。

そして、クンゼは一つの結論にたどり着いたのだった。パンと肉を自給できる者だけが安全な生活を得ることができる、と。こうして安全への情熱的な追求が、彼を農夫に変えたのである。

クンゼが話し終わったとき、私は思わず笑ってしまった。クンゼは驚いたようだった。そして、「あんたのことは理解できない」と彼は言った。「将来のことを考えたことはないのかい。どうして知性あふれる人間が安心感なしで生きられるんだろう」。

私は真面目に答えた。「信じられないでしょうが、私の将来はあなたの将来より、ずっと安全です。あなたは農場が安全な生活を保障してくれると考えています。でも革命が起こったら、農場はなくなりますよ。一方、私は季節労働者ですから、何も心配することはありません。通貨と社会体制に何が起ころうが、種まきと取り入れは続くでしょうから、私は必要とされます。絶対的な安全が欲しいなら道楽者になって、季節労働者として生計を立てる方法を学ぶべきでしょうね」。よくできた冗談のように思え、二人とも笑った。

それから一年くらい経ったリンゴの収穫期のある日、セバストポル行きの列車を待っていると、同じように列車を待っている人びとの中に、背の高い年配の男がいる。どこかでよく見かけた姿をしていて、知り合いの誰かに似ている。記憶を呼び起こすと、突然「クンゼ」という名前が浮かんできた。

思わず呼びかけた。「こんにちは、クンゼさん」。

彼はびっくりして私を見ると「いえ、私の名前はシーガートです」と言った。

「そうですか、でもあなたは、フレズノの近くに住む百万長者の農場主とそっくりですよ。彼の名前はクンゼというんです。あなたならどこへ行っても、クンゼで通ります。いろんなことができますよ！　クンゼを誘拐して、クンゼに成り代わっても誰も気づかないでしょう。私たちはずっと幸せに暮らせます」

そう言って、私は彼と一緒に笑った。彼は言った。「誰でも、世の中に少なくとも千人は似た人がいます。双子みたいな人に出くわしたことはありませんか」。

私は肯いて、サンディエゴへ行く途中に出会ったビルのことを話した。クンゼと呼び続けてもよいかと尋ねると、「何とでも呼んでください」と言って、彼は笑っていた。

私たちはしばらく一緒に旅をして、私が南カリフォルニア行きの列車に乗るときに別れることになったが、彼は最高の旅の友だった。それからの数ヵ月の間に何回か出くわしたが、それ以降まったく姿を見ていない。

『フレズノ・ビー』の第一面に死亡記事が出るまで、その後十年くらいクンゼのことを考えなかった。『ビー』の日曜版にはクンゼの遺書が掲載されたが、それは立派なものであった。将来について病的な恐れを抱いていた昔のクンゼはそこにはいない。新しいクンゼは成熟し賢明になっていた。最も印象的なのは最後の二つの項目である。

一つは、フレズノ郡における創造的な音楽・芸術活動に対する奨励金五〇万ドルの寄付である。

価値ある音楽を作曲した者、あるいはいかなる形であれ芸術作品を制作した者に一〇〇〇ドル以上の賞金を授与する。長年にわたって芸術に貢献している者が、賞をめざすことを希望する。わが国は中年の人びとの国になりつつあり、それは悪いことではない。しかし、年配の人びとが創造的な活力を発揮・維持できるようにする方法を、われわれは見出さねばならない。人生は四十歳で終わり、それ以降に新たな始まりはない、というばかげた仮定は拒否されねばならない。四十歳の人間が青年よりも学習能力が高いという証拠も、低いという証拠も存在しない。中年の方が物事に敏感で、命の尊さを意識しており、観察と実行において忍耐強いことは確かだ。現在の経済体制の下では、人は、安定した収入源を確保するために半生を費やさねばならない。そして、上部構造を作り上げる時間は後半生に残される。しかし、それに手をつける者は百万人に一人もいない。われわれにとって引退とは茶番であり、残酷な冗談だ。晩年が退屈と失望によって不愉快なものになるという事実は、アメリカ的生活様式の弱点の一つである。老年期は、人生の甘く芳しい果実でなければならないはずだ。

それゆえ、フレズノ郡の中高年者に絵筆と絵の具を持たせよう。フレズノの初夏の丘を彩る灰色がかったピンクや淡い金色の組み合わせをキャンバスに描いた者は、まだ誰もいない。ぶどう畑、アーモンド、モモ、アプリコット、スモモ、オレンジ、オリーブの木、麦、樫、クローバー、ムラサキウマゴヤシの野原、牧草地、イグサの沼などの極めて多様な緑を捉えた者も、まだいない。土も、黒や灰色や赤など多彩で、青みがかった金色をしている所もある。

音楽について。フレズノ郡の住民の心には、何千という新しいメロディーが眠っているに違いない。そのメロディーを陽光の下に誘い出し、歌い演奏しよう。もし命に触れるものがあれば、それは賞を獲得すべきだ。記譜法を学べば、鳥のさえずり、木の葉を揺らす風の囁き、蜂の羽音、川や灌漑用水路を流れる水の泡音、西風のうなり、雨粒のパラパラいう音、静かな夜の闇に響き渡る列車の悲しい泣き声を記録することができよう。

もう一つの項目には、ちょっとしたユーモアが込められている。それはフレズノの操車場から歩いていける場所にある一五エーカーの土地に、浮浪者のための「ジャングル」を設置し維持していくために、四万ドルを寄付するというものだ。その浮浪者用の宿泊所は中庭を挟んだ二翼式になり、一翼はシャワー付きで、もう一翼は洗濯場付きだ。中庭には備え付けの屋外コンロがあり、薪の山はその外に置かれる。中庭の門の横木にある壁画には、天使に囲まれ、寝袋を背負った浮浪者を装ったサタンに対面している玉座の神が描かれている。そして、その壁画の下には『ヨブ記』の次のような言葉が刻まれている——「主はサタンに言われた。『お前はどこから来た。』『地上を巡回しておりました。ほうぼうを歩きまわっていました』とサタンは答えた。」

歴史について

類似性を理解することは違いを説明することよりたやすい。なぜ人間に他の生き物と共通性があるかは子どもでも理解できる。しかし、人間の独自性を説明しようとするとき、われわれは言語の起源という解きがたい謎に直面する。同様に、フランスとドイツという隣り合った二つの国に多くの共通性がある理由を説明するのはたやすいが、両国間にある著しい違いを説明するのは難しい。また、古代ヘブライ人がフェニキア人など隣国の民と共通性を数多くもっていた理由を理解するのは容易であるが、なぜヘブライ人だけが唯一無二の神を考え出し、他の民とは違い唯一無二の民となったのか説明した者は、いまだかつていない。

何かユニークなものに出くわすと、私は、それにはどこかに隠された秘密があって、その匂いを嗅ぎつけられるに違いないと感じる。サンホアクィン・ヴァレーを旅行したときは、モデストという町の独自性を印象づけられた。ターロック、モデスト、マーシッド、マデラと、気候も作物も人びとのタイプも同じ一連の小さな町を通り抜けるが、モデストにだけキリスト教世界で最も美しい芝生がある。町は家が点在する巨大な芝生で、住民は年中、芝刈りに追われている。芝生がセメントの歩道にまで伸びても、そのまま放置されている。公園委員会が植えたトネリコの木も一週間で葉を全部落とすので、芝が木の葉でおおわれることはない。

なぜモデストにだけ芝生があるのか。私は何日間も通りをぶらつきながら、秘密の匂いを嗅ぎつけようとしたが、何の手がかりも見つけられなかった。市役所の職員や地元の新聞記者に訊いても、答えは得られなかった。誰も知らないのである。町の図書館にも行ってみたが、モデストの歴史はわからない。ある日、まったくの偶然によってか、生者が答えられなければ死者に訊けという無意識の論理に促されてか、私は墓地を訪れてみた。すると、そこにある最も古い墓は、イギリスの南東部にあるエセックス郡から来た人びとのものだった。おそらくその地で芝生が発明されたのだろう。

類似性は自然なものだが、相違は人為的なものだと私は考える。違いを作り出した人びとの名をわれわれが知っていることもあるが、そうした人びとの大半は無名の誰も訪れない墓に眠っている。歴史は不可抗力によってではなく、先例によって作られるのだ。

ありふれた日々の出来事が歴史に光を当てることがあると知ったとき、私はこの上ない喜びを感じた。たぶん、書かれた歴史が抱える問題は、歴史家たちが古代の遺跡や古文書から過去への洞察を導き出し、現在の研究からは引き出していないということにあるのだろう。私が知る歴史家の中に、過去が現在を照らすというよりも、現在が過去を照らすのだという事実を受け入れる者はいない。大半の歴史家は、目の前で起きていることに興味を示さないのだ。

芸術家

見慣れたものを新しく見せられるかどうかが、創造的な芸術家の指標である。私の場合、運命が芸術家であった。

北カリフォルニアで人使いの荒い農夫の下で働いたことがある。彼は自分の馬には頻繁に息抜きをさせるくせに、われわれが干草作りの合間に一息つくと、いつも手抜きをしていると思うようだった。われわれは一日十時間、馬が小屋に戻った後もずっと働いた。

ある晩、きつい仕事を終えた後、誰かが水桶の後ろの壁にかけた鏡に映った自分の顔にはっとした。やつれて見えたのだ。私はためらうことなく仕事を辞めることにし、すぐ寝袋をとって、農夫のところへ給料をもらいに行った。あまりにも急なことで彼は驚いたようだったが、それでもほとんど一ドル札で何とか五〇ドルかき集めてくれた。サクラメント行きのバスの出発時刻が近づいていたので、札束をしまう暇もなかった。ハイウェイに着くと、ちょうどバスが見えてきた。私が一握りの札束を振ると、バスが停まった。座席を見つけてすわり、札束をじっと見た。すると突然、自分が握っているものが平凡な一ドル札ではなく、不思議なお守りのように思えてきた。

お守りを振りさえすれば、世界が思い通りになる。バスが停まったのだから、サクラメントに着けば人びとがやって来て、私を風呂に入れ、服を着せ、食べ物を出し、寝かせてくれるだろう。私の望み通りにしてくれた者には、お守りを分け与えてやろう。

金がなくなるまでの二週間あまり、人生は御伽噺のように思えた。貨幣の発明の重大さを悟ったのだ。それは人間性の進歩、つまり自由と平等の出現にとって欠かせない一歩である。貨幣のない社会では、権力だけが統治の道具としてものを言うので選択の自由が存在しないし、粗暴な力は分配不能なので平等も存在しない。しかし他方で、貨幣の力は強制力なしでもコントロールできるのである。

弱い少数派であるユダヤ人や、銀行取引が発達するなかで、いまだ封建君主の支配下に置かれていた商人階級が果たした役割を考えると、どうも貨幣は弱者が発明したもののように思われる。絶対権力者はつねに金を嫌悪してきた。人びとが高邁な理想によって動機づけられることを期待し、自分の支配を維持するために結局、恐怖に訴える。貨幣が支配的役割を果たさなくなったとき、自動的な進歩は終わりを告げる。通貨の崩壊は文明の崩壊の予兆である。金と利潤の追求は、取るに足りない卑しいことのように思われがちだが、高邁な理想によってのみ人びとが行動し奮闘する場所では、日常生活は貧しく困難なものになるだろう。

慣れ親しむことは、生の刃先を鈍らせる。おそらくこの世界において永遠のよそ者であること、他の惑星からの訪問者であることが芸術家の証なのであろう。

波止場へ

季節労働者としての生活に終止符を打ったのは、一九四一年の真珠湾攻撃の後である。私は国のために役立ちたいと思い、サンフランシスコへと急いだ。幸運にも州立無料職業紹介所は、私を港湾労働者組合に派遣してくれた。いくつもの偶然が私の人生を支配してきたが、港湾労働者になったときほど偶然に大きく左右されたことはない。港湾労働者と季節労働者には多くの共通点がある。道にも波止場にも安定した仕事はない。週七日波止場で働けば、違う上司の下で違う人びとと一緒に七隻の船の上で働くことになる可能性が高い。組合員の人種比率は、季節労働者のそれとほぼ同じだった。このように道から波止場への移動は、大した変化ではなかったし、初日から組合に溶け込むことができた。

組合は精神的にも刺激的な場所だった。その活動を見ながら、私はアメリカの独自性と歴史のプロセスについて考え続けた。組合には管理者はおらず、港湾労働者なら誰でも組合長になることができる。ほとんど読み書きのできない沖仲仕が組合長として活動し、仕事をてきぱきとこなす姿を見るのは面白かった。組合にも何人か教育のある者がいたが、彼らは普通の人が管理職に選ばれて仕事をまずまずこなすと、決まって不満を募らせ怒りを露わにしていた。他の国ではエリートが携わるような仕事にこの国では誰も従事しないということ、これこそがアメリカの独自性の一つであるということに、彼らは気づいていなかった。アメリカという国と同様に、組合はあるすぐれた指導者によって創設されていた。創設者ハリー・ブリッジスは、トーマス・ジェファソンのようなものだ。そして、ジェファソンのように、指導者なしでもうまく機能する組織を彼は作り上げたのである。

当初、普通の人びとが動かす組織が非常に排他的であることは、逆説的なことのように思われた。港湾労働者組合が新参者に門戸を開放したのは戦時中だけで、平時において組合の扉は、排他的な貴族クラブよりも固く閉ざされている。実際、教育のある人びとよりも普通の人びとの方が物事を進んで共有すると考えるのは、感情的な思い込みにすぎない。普通の人びとが最も熱望するのは、貴族になることなのだ。

普通の人びとが歴史において果たした役割とは何か。十八世紀の終わりまで、普通の人びとは支配者の思いのままになる受身の粘土のようなものだった。しかし、アメリカ合衆国の建国とフランス革命の勃発が、無名の人びとを歴史の舞台に引き上げたのである。二十世紀の革命は、普通の人びとが作った歴史に対する反動である。レーニンのロシアよりツァー時代のロシアの方が、まだしも普通の人びとに管理者への道を開いていただろう。十九世紀を通して知識人は民主的社会に対する闘争をし、二十世紀になって勝利を収めた。勝利した知識人たちは、以前にも増して絶対的な体制を打ち立てることが多かった。知識人の支配する社会において普通の人びとの生活は、支配者の黄金時代である中世の生活と酷似している。

四十歳から港湾労働者として過ごした二十五年間は、人生において実りの多い時期であった。書くことを学び、本を数冊出版した。しかし、組合の仲間の中に、私が本を書いたことに感心する者は一人もいない。沖仲仕たちはみな、面倒さえ厭わなければできないことはないと信じているのである。

幸福の瞬間

完全に幸せだと言える瞬間がこれまでにあっただろうか。たしかにヘレンと過ごした日々は幸福だったし、彼女が夜半過ぎの暗闇からカフェテリアに現れ、私を抱きしめキスをしたとき、私はめったに訪れることのない至福の瞬間に浸っていた。にもかかわらず、その稀な幸福の瞬間でさえ、完全なものではなかった。満たされることのない欠乏感と自らの価値に対する疑念が入り混じっていた。

否！　純粋に幸せだった唯一の瞬間は、最初の著書『大衆運動』の出版決定を知らせるハーパー社からの電報を受け取ったときだ。私は自分が運命の秘蔵っ子であり、常人の上に立つ不滅の人間になったように感じたのだ。自らの価値に対する疑念も将来に対する不安もなかった。

幸運にも、そのとき喜びを分かち合える者はいなかった。もし一人でもそういう相手がいれば、一時的な優越感は永遠の確信に変わっていたかもしれない。実際には、私の高揚した気持ちはすぐに冷め、結局、沖仲仕なら誰でも面倒さえ厭わなければ立派な本を書けるという、波止場の仲間たちと同じ考えを抱くようになった。その他の本が、いつどのような順番で出版されたかは、よくおぼえていない。ただ書かなければならないから書く。私は自分のことを著述家だとは思っていない。

とくに欲しいものを手に入れたときには、幸福などほとんどないというのが世の常である。晩年その生涯を振り返った偉人たちの多くが、次のような事実を発見している――たとえ幸福な瞬間が何度あろうと、それは満たされた一日を意味するわけではなかった、と。

完全に不幸だった瞬間はあっただろうか。そんな瞬間はなかった。しかし、ヘレンのもとを去った後には、どうしようもない不幸が何年間も続いた。別れは、精神にも肉体にも影響を及ぼした。先にも述べたように、私は完全に立ち直ることは決してなかった。

許すということ

私はこれまでの人生で不満を抱いたことは一度もない。世界は分不相応に私を大事に扱ってくれていると、いつもそう思ってきた。このことは、たった一度だけ暴行を受けたときにはっきりとわかった。

あるとき、泥酔したメキシコ人がいきなり私の太ももを股から膝まで切りつけた。仮設小屋の中で、みなが酔っ払って騒いでいたときに私だけがしらふだったことが、彼を怒らせたのだ。そのときまず考えたのは、そのメキシコ人を殺すことではなく、どうしたらすぐ病院に行けるかということだった。入院中、そのメキシコ人のことを考えたことはなかった。彼はその後、留置場に入れられたらしい。

数ヵ月後、走っている有蓋列車の上によじ登ったとき、肩越しに私の方を見ながら隣の車両に飛び移った男が見えた。彼は走り続け、飛び続けている。あのメキシコ人だった。何も恐れることはないのだと言ってやりたかった。アメリカでは、報復をしたり復讐をすることが男らしいと思われている。実際、もし何度も暴行を加えられたことがあったとしたら、自分があのときどう振る舞っていたかはわからない。しかし、私は体が大きいせいか、暴行の対象になることはほとんどなかった。

劇的な報復を目撃したことがある。あるとき、プレイサーヴィル行きのトラックに乗せてもらった。運転手の横にすわると、シューという大きな音が聞こえた。キャブレターがオーバーヒートでもしたのだろうかと思ったが、そのとき、ガラガラ蛇がいっぱいに入ったかごが目に入った。きめの細かい網の目で作られたそのかごは、運転手の足元にあった。奇妙な荷物だ。運転手は何も言わない。プレイサーヴィルの町に着くと、トラックはある酒場の前に停まり、運転手はそのかごを持って中に入った。すぐに、大きな悲鳴が聞こえ、客が笑ったり毒づいたりしながら、酒場からつぎつぎと転げ出てくるのが見えた。何が起きたかはすぐにわかった。数週間前、彼はこの店で悪酔いし、店主に放り出されていたのだ。そしていま、運転手はガラガラ蛇のかごをぶちまけて復讐し、酒場を混乱に陥れたのである。

他人を進んで許そうとするからこそ、自分を許すこともできるのかもしれない。不満をなだめなければ、良心の咎めを感じることもできなくなってしまうのだ。

インタビュー

七十二歳のエリック・ホッファー

シーラ・K・ジョンソン

一九七〇年代の初め、私はカリフォルニア大学バークレー校で人類学博士号を取得したばかりで、夫のチャルマーズ・ジョンソンは同校の政治学部の教授だった。夫は中国と日本の政治を教えていたが、大学院では革命理論のゼミも担当していた。一九六六年に刊行した『革命的変化』(*Revolutionary Change*) の中で、彼は政治的暴力について考察した多くの著名な哲学者たちの理論を取り上げている。レーニン、毛沢東、ハンナ・アーレント、エリック・エリクソン、そして、エリック・ホッファーである。夫は、ゼミでホッファーの『大衆運動』と『変化という試練』を学生たちに読ませていた。

それまでホッファーの著書は何冊か読んではいたものの、人類学を専門とする私の関心は別のところにあった。可動住宅の集落に住む高齢の労働者階級について博士論文を書いたこともあって、私は年齢を重ねることの意味を考察する老人学に強い興味を抱くようになっていたのである。私は、ホッファーが多くの社会問題について書きながらも、アメリカにおける老いの問題や大学のキャンパスで顕在化していた世代間の緊張について発言していないことに気づいていた。その頃、ホッファーはすでに沖仲仕の仕事を引退し、サンフランシスコで著作活動に専念していた。

一九六四年頃、当時、政治学部長を務めていた政治哲学のノーマン・ジェイコブソンが、ホッファーに非常勤講師を依頼した。彼は、学部の大きな教室で講義をしたり、ゼミナールを担当することには消極的だったが、週に一度キャンパスに来て、対話を希望する学生のためのオフィス・アワーを設けることを承諾した。それ以降、政治学部のほかの教授たちもホッファーと親しくなり、とくにレオ・ローズはときどき彼を夕食に招くようになっていた。

インド政治を講じるローズ教授は、インドカレーの名コックでもあった。七〇年代の初め、私たちはバークレーヒルズにある彼の家によく集まったものだが、エリック・ホッファーも時折顔を見せた。食事をし、ワインを飲みながら、政治について語り合った。車を運転しないホッファーは、いつも五十代の白髪まじりの魅力的なイタリア系女性、リリー・ファビリと一緒だった。私の夫が四十歳、私が三十五歳で、ホッファーは七十代前半だった。リリーは沖仲仕と結婚したことがあり、ホッファーとは旧知の間柄であった。ホッファーは彼女の息子の一人エリックの後見人《ゴッド・ファーザー》にもなっていた。しかし、私たちが出会った頃には、彼女はすでに離婚していた。そして、誰も訊ねもしなかったし、話題にもしなかったが、彼女とホッファーが愛し合っていることは明らかだった。

ホッファーのアフォリズム集のタイトル『情熱的な精神状態』からも推察できるように、彼は政治や社会問題について実に〝情熱的〟だった。既成のアカデミズムの世界とは無縁だったこともあり、彼の物言いは率直で、力強かった。相手の話に平気で異議を差し挟み、話をさえぎることも少なくなかったが、つねに議論に熱中していた。彼は、とくに私の夫と議論することを好み、夫もまたホッファーに向かって論駁するのを楽しんだ。知的なテニス・マッチを見ているようだった。

ある晩のこと、ホッファーは私の夫との議論にひどく興奮した。「違う、違う、チャルマーズ！」彼は叫びながら、手で払いのけるような身振りをし、テーブルの上に並んでいたワイングラスをすべてなぎ倒してしまった。ローズ教授が慌てて立ち上がり、ペーパータオルを持ってきた。テーブルにこぼれたワインが拭き取られ、再びワイングラスが満たされて、議論が再開された。しかし、数分も経たないうちに、ホッファーは熱くなって語りだし、またワイングラスをなぎ倒してしまったのである。このパーティーのことは今でも忘れられない思い出である。

ローズ教授宅で過ごしたある日の夕方、私はホッファーの隣にすわり、アメリカで老いることについて彼が一度も書いていないことに触れながら、そのテーマについてインタビューを申し込んだ。当時私は、大学の非常勤講師のかたわら、フリーランスのジャーナリズムの仕事をかなりの量こなしていた。ホッファーは、少し躊躇しながらも、一時間ぐらいなら時間を割いてもいいと言い、どこでインタビューをしたいかと訊ねてきた。「ああ、それは簡単です」と私は言った。「あなたのアパートでインタビューさせていただければと思っています。どこでどんな生活をされているか拝見させていただきたいのです」。

インタビューは、数日後、エレガントな新しい建物が並ぶゴールデン・ゲート・センターのアパートの一室で行なわれた。バルコニーからはホッファーが二十五年間働いたサンフランシスコの波止場が見渡せた。その景色を見てホッファーが喜ぶだろうとリリーが気を利かせて選んだに違いなかった。彼の部屋は非常に狭く、小さなベッドと机用の椅子以外にすわる場所はなかった。ホッファーは、一つしかない椅子を私に勧め、自分は歩き回りながら質問に答えると言った。彼は予定の一時間を過ぎても話し続け、私は必死に彼の言葉と語り口を書きとめた。そのときのインタビューは、彼の七十二歳の誕生日の四日前、一九七四年七月二十一日付の『サンフランシスコ・クロニクル』日曜版に掲載された。

インタビューが掲載された後、私は、少なくとも一回はホッファーとリリーに会っている。というのも、ホッファーが記事を気に入ってくれて、今回は自分が話しているように仕上がったと言ってくれたと、ある友人に手紙を書いたからだ。また、彼のアパートで見られたリリーの形跡は裁縫箱だけだったという私のコメントに対して、リリーが微笑みながら、「そうね、もうちょっとあるわ」と優しく言ってくれたことも覚えている。

ホッファーは、それから九年間生きた。しかし、彼がバークレーを訪れた数年間の後、私たちが彼に会うことはなかった。私は、写真のたくさんあるジャーナリスティックで短いホッファーの伝記を買ったが、彼は私には、自分の著作はそれ自体で評価されるべきであり、伝記も自伝も必要ないと語っていた。「少なくとも二、三はいい文章が書けたと思いたいものだよ」と彼は言ったものだ。

にもかかわらず、新聞でホッファーの訃報を目にした私は、リリー・ファビリにお悔やみの手紙を書き、もしホッファーについての回想か伝記を書く気があれば、喜んで協力すると申し出た。その後、返事が来なかったので、彼女はホッファーの遺志を尊重しているのだろうと思っていた。彼女は、『構想された真実』の刊行を見守っていたのである。

＊　＊　＊

元沖仲仕で哲学者・著述家であるエリック・ホッファーが、この七月二十五日に七十二回目の誕生日を迎える。長年、人間の条件について思索を続けてきたにもかかわらず、彼はこれまでアメリカにおける高齢化の問題、あるいは老いることについては、あまり関心を向けてこなかった。

「そのとおりです。もちろんアメリカは年をとるには、ひどい国です」。直接訊ねられて、彼は率直に認めた。

その点では、サンフランシスコもひどい町です。たとえば、町にはベンチもありません。私は足の具合が悪く、十街区歩くたびに数分間、休まなければなりません。しかし、ベンチがないので、消火栓の上にすわらざるをえないのです。以前、アリオトにこのことを話したのですが、彼はこう言っただけでした。「そうか。それじゃ、てっぺんの平らな消火栓を取り付けないといけないね！」と。

犯罪の問題もある。「近頃は、老人を専門に狙う窃盗が増えています。一度も被害にあったことはありませんが、それはたぶん私がいつも捕まえてやろうという気でいることがわかるからでしょう。捕まえようとすれば、殺されるかもしれませんが、それでも私は戦うつもりです」。

治安の悪い街区のぼろアパートにずっと住んでいたホッファーが、ここ三年間はサンフランシスコの波止場に近い、かなり高級なアパートで暮らしている。この新しい生活環境について、彼は、少しすまなさそうだった。自分の荒々しい哲学に対するちょっとした裏切り行為だと思われるのではないか、年をとるにつれて増してきた苛立たしさや、穏やかで静かな環境の必要性に対するちょっとした譲歩だと思われるのではないか、と。

ここに来る前は、チャイナタウンに住んでいたのですが、騒音がひどくて、気が狂いそうでした。私が耐えかねて、近所の子どもたちにビンや物を投げつけ始めたのを見て、リリーがひどく心配しました。それで、ここを見つけてくれたのです。

リリーとは、リリー・ファビリのことである。ホッファーが彼女に出会った一九五〇年当時、彼女は同僚の沖仲仕セルデン・オズボーンと結婚していた。現在、五十代前半のリリーは、イタリアからの移民で、きりっとした丈夫そうな女性である。「私は本物の農民、百姓（*paisan*）なの」と彼女は誇らしげに語った。彼女は、ホッファーの生活において、重要な、おそらくただ一人重要な役割を果たしている。週末になると、ホッファーは、たいてい彼女の家に夕食に行く。彼女は、電話を持っていない彼の連絡仲介人であり、徒歩やバスでは行きにくいディナー・パーティーや用事に彼を乗せて行く運転手でもある。

ホッファーとリリーは、明らかに互いを尊敬し愛し合っているが、同時に適度な距離をとっている。「リリーの家を見てごらんなさい」。ホッファーは愛情を込めて言う。「どの壁にも、どの写真にも、どの家具にも、リリーの性格が前面に押し出されていて、怖いぐらいですよ」。しかしリリーは、僧庵のような、まるで昨日引っ越してきたばかりに見えるホッファーのアパートを、「装飾する」ことは注意深く避けている。彼の部屋は一間で、入り口の近くに小さな台所がある。その台所の先の壁に本棚が一つあり、そこには類語辞典や大辞典などのレファレンス・ブックやドイツ、イタリア、日本で翻訳されたホッファーの著書が並んでいる。本棚の横には大きな机があり、留め金式の照明器具と使い古した木椅子が据えてある。向かいの壁には、狭いベッドがあり、その下には（たぶんリリーが持ってきた唯一の物である）昔風の折りたたみ式裁縫箱があって、ナイトテーブルとコーヒーテーブルを兼ねている。壁には写真もなく、テレビもラジオもレコードプレーヤーもない。気晴らしするためのものは何一つないのだ。気晴らしになりそうな唯一の物は、小さなバルコニーから見える景色で、そこからは、彼が二十五年間働いた波止場が見下ろせる。

望遠鏡を買えば、実際に沖仲仕たちが見えるだろうと言ってくれる人もいます。しかし、そんなことをすれば、大砲も買わなくてはいけなくなるでしょう。怠けている奴らの頭をぶっ飛ばしてやりたくなるでしょうからね。近頃は、誰も真面目に働かなくなっていますから、大変なことになるでしょう。

仕事。それは、ホッファーの哲学と人生における重要なテーマである。彼は、アメリカの労働者と、彼らのすばらしい政治感覚、そして堅固な現実意識を賞讃している。しかし、こういった仕事の価値、あるいは何かを生産することの重視こそが、この国において引退し年をとることを、きわめて難しいものにしている原因の一つではないのか。

私のいう仕事とは、生計を立てるためにする仕事のことではありません。われわれは、仕事が意義あるものであるという考えを捨てなければなりません。この世の中に、万人に対して、充実感を与えられるような意義のある職業は存在していないのです。自分の仕事を意義深いものにしてくれと要求することは、人間の見当違いだと、かつてサンタヤナは言いました。産業社会においては、多くの職業が、それだけを仕上げても無意味だとわかっている仕事を伴っているのです。そういうわけで、私は、一日六時間、週五日以上働くべきではないと考えています。本当の生活が始まるのは、その後なのです。

職人が自分の技術を披露し、その技術を老若を問わず興味のある者に教えられるような中央広場か通りを、すべての都市に設けるべきだ、とホッファーは提案する。

有意義な人生とは学習する人生のことです。人間は、自分が誇りに思えるような技術の習得に身を捧げるべきです。技能療法の方が宗教的な癒しや精神医学よりも大事だと思います。技術を習得すれば、たとえその技術が役に立たないものでも、誇りに思えるものです。五歳の子どもを間近に見たことがある人なら誰でも、その技術習得欲を印象づけられたはずです。私は、かつて、成熟するとは、五歳の子どもの真剣な遊び心を取り戻すことだと言いました『初めのこと今のこと』。当時は独創的な考えだと思っていましたが、後に、ボードレールが、天才を子どものような探究心を持つ人（l'enfance retrouve）と定義しているのを知りました。

こうした考えのもとに、ホッファーは、仕事と余暇という一般的な区別を認めず、引退した人間が余暇をどう過ごすべきかという問題そのものを否定する。

この国では、高齢者にとって、非常に良いことが起こりつつあります。私たちは、かつて自由、正義、平等などを獲得しさえすれば、万事うまくいくと考えたものです。しかし、今や、こうしたことが社会にとって必要不可欠な要素ではないことに気づきました。人びとは、意義ある生活を送らなければならない。もし万人のためにこの問題を解決すれば、高齢者のためにも解決したことになります。人びとが一日六時間だけ働き、その後に自分が本当にやりたいことをやれるようになれば、いわゆる引退の意味はなくなります。それまでやってきたことに費やせる時間が多くなるだけだからです。

仕事の後に携わる仕事こそが有意義なものであるという考えは、ホッファー自身の経験に根ざすものだが、それでも、沖仲仕から引退した当初は、容易ではなかったようだ。

私はこれまでずっと、肉体労働をしながらものを考えてきました。すばらしい考えは、仕事をしているときに生まれて来たのです。同僚と話しながらくり返しの多い作業に汗を流し、頭の中では文章を練り上げたものです。引退した途端、この世のすべての時間が転がり込んできました。しかし、自分の頭があまり回らないことに気づいたのです。頭を下げ、背中を伸ばしているのが、何かを考えるには最善の姿勢なのかもしれません。あるいは、魂は、同時に二つの方向に引っ張られることによって、生産的に働くようになるのかもしれません。

しかし今や、彼は、この創造的な緊張を再生する方法を見つけ出した。

幼年時代失っていた視力が回復したとき、私は朝から晩まで小説を読んだものです。今も小説は好きですが、最近は罪の意識に駆られています。というのも、小説を読むことは、私にとって純粋な楽しみなのです。私は小説に熱中してしまい、ノートもとらない有様です。ですから、今は小説を読み始めたら本を机の端において、そこから自分を引き離し、ペンを手にするよう努力しています。私にとって書くことは肉体的欲求です。気分をよくするためには、書かなければなりません。多くの人びとがそう感じてきたのではないかと思います。書いている間は病気(神経症)を追い払うことができる、とD・H・ロレンスは言っています。だから、多くの本が書かれ、また図書館にはたくさんの本があるのです。人びとは本を一冊書き、さらに書き続けます。というのも、本を書いている間は気分が良くなることに気づくからです。私は沖仲仕からは引退できましたが、書くことから引退できるとは思っていません。幸運にも、私の著作は、すべて小さな本です。

ホッファーは現在、エッセイ集を執筆中だが、収められるエッセイはどれも五百語に満たない短いものになりそうだ。

創造性と技能はそれ自体が報償であるという信念にもかかわらず、ホッファーは、社会が特定の試みを評価すれば、創造性が年とともに衰えることはない、というアフォリズムを書いている。

古代ギリシャの著述家たちは、八十代、九十代になっても偉大な作品を生み出し続けた。ちょうどアメリカ合衆国において実業家や技術者、政治家が年齢によって左右されることが最も少ないように、軍事社会において将軍はいつまでも若々しく死ぬまで聡明である。アメリカでは非常に多くの一流作家が四十歳を過ぎると衰えてしまうという事実は、この国が小説家にとって最適な環境ではないということを示唆している。

（『人間の条件について』85）

「ヘミングウェイの例を見てください」。ホッファーは憤りをこめて主張する。

もし自分の存在と作品がこの国にとって重要だと感じていたら、ヘミングウェイは自殺などしたでしょうか。創造的な人間は、大事にされる必要があります。あるフランスの作家は、自分が仕事に取り組んでいるときは、近所の肉屋やパン屋がいつも自分を妊婦のように扱ってくれたと言っています。老人も大事にされる必要があります。たとえ一行も書けなくても、創造的な人間のように扱われるべきです。

年齢を重ねることがむしろプラスに働くことがあるのではないか。たとえば、若くて賢明な哲学者といったようなものがはたして存在するだろうか。ホッファーは嘆息する。

哲学者にとって老年こそ最善のときだ、とサンタヤナは言いました。しかし、もし年をとるにつれて成長すると信じるならば、私たちは自らを欺いていることになります。生命は、ゆっくりと衰えていきます。私は自分の頭が二十年前にくらべて良いとは思っていません。昔ほど、一度に複雑なことを考えられなくなっていますし、記憶力も落ちています。最初の本（『大衆運動』）の原稿を出版社に送ったとき、私は控え原稿を持っていませんでした。郵送の途中でなくなったらどうするのかと心配してくれる人がいましたが、万が一そうなっても、もう一度書くことができたでしょう。本の中身を完璧におぼえていたからです。私の判断力は以前より優れていますが、記憶力はそうではありません。老人がお決まりの日課を必要とするのは安全確保のためだとかつては考えていましたが、それが必要なのは単に物事を忘れないようにするためなのだ、ということに今は気づいています。たとえば、風呂に入るとき、私はいつも何か他のことを考えています。もし早くからその日課を身につけていなかったら、風呂を出た後になって、脇や足の指の間を洗ったかどうか考え込まねばならなくなっていたでしょう。

年を重ねることによって衰えかけている自身の創造力に対して、ホッファーは悲観的だが、それは彼自身の著作活動とは呼応していない。彼は、四十代に一冊、五十代に一冊、六十代に四冊、そして（これまでのところ）七十代に一冊本を出している。哲学や歴史といった特定の種類の創造力が、数学や芸術におけるそれよりも長続きすることを示唆する異文化間の研究もいくつかある。また、文化にかかわらず、特定の職業は長寿をもたらしやすいようである。たとえばオーケストラの指揮者がそうだが、それはおそらく腕を振ることが心臓の筋肉に良いからであろう。「いや、そうではないでしょう」とホッファーは言い返す。

指揮者にはパワーがあるからでしょう。楽句を形作るパワーがあるし、オーケストラ全体に対するパワーもある。パワーが老人を腐敗させることはありません。それは、老人に活力を与えるのです。お金と同じですよ。老いるためにはお金が必要です。お金は若者を腐敗させますが、他方で老人を若返らせてくれる可能性を秘めているのです。

しかし、なぜこの社会はこれほどにも若者志向なのだろうか。なぜ人びとは自分を若く見せたがり、若者のように行動したがるのだろうか。この点について、ホッファーは驚くほど哲学的である。

アメリカ人が異常なまでに若さを尊ぶ原因の一つは、地球上で最も野蛮な大陸に暮らしていることにあるでしょう。私たちがいかに美しくデリケートな地球を汚染しているかを嘆いて騒ぎ立てている生態学者がいますが、お笑いです。彼らは、地球の大半が人間の生活に不適切な土地だということを理解しているのでしょうか。洪水、竜巻、ペスト、嵐など、新聞を読むだけで証拠は得られます。イギリスのような小さな手入れの行き届いた国の人たちとは違って、私たちには、生き残っていくための若い力が必要です。また、アメリカは十九世紀に非常に競争の激しい場所でもありましたから、常に前の世代に挑戦する若者が有利な状況に置かれたのです。

ホッファーは、急激な社会変動が和解不可能なジェネレーション・ギャップを生み出したとは考えていない。

老人と若者の間には、常に心理的な世代的隔たりが存在してきましたし、それは当然のことです。しかし、いわゆるジェネレーション・ギャップは、実のところ大人たちの棄権、神経衰弱によって引き起こされたのです。もちろん、最近の若者は自己破壊というわれわれに脅威を与えうる兵器を持っています。そして、われわれはその恐怖から彼らに屈服してしまうのです。

ホッファーが、一九六〇年代の青年運動全体、とくにヒッピーとドロップアウトに対してきわめて敵対的な態度を示したことは知られている。しかし、彼らのマクラメ編みとロウソク作りと植物（マリファナ）栽培は、日常の仕事に意義を求めず職人技能に回帰すべきだと説くホッファーの主張に奇妙にも合致しているではないか、と思う人もいるだろう。「そうかもしれません」とホッファーは認める。

しかし、それは、若者たちの暗中模索の一例にすぎません。六〇年代の若者文化で私が嫌悪するのは、若者たちの（とくに麻薬による）命の悲劇的な浪費です。大学の教官たちが、学内での出世競争を回避するためにカウンターカルチャーを助長させているのではないか、と考えたこともありました。そして、その結果、すみに追いやられたのは最も聡明な人たちでした。さほど聡明でない人たちは、どこへ行くにもとぼとぼと歩いていくしかないことをわかっていましたから、脱落しませんでした。しかし、聡明な人たち、貴重な人たちが、最も苦しんだのです。運動が非常に多くの若く早熟なユダヤ人たちを襲ったのは、このためだと思います。一片の貴重な「生真面目さ」、つまり、道具や修理や正確さに対する伝統的でアメリカ的な愛情をもつ者だけが生き残るでしょう。最近、ある出版社が『禅とオートバイ修理技術』という本の先行刷りを送ってきました。長い間放置していたのですが、ある晩、手に取ってみたところ、一気に引き込まれてしまいました。ＬＳＤで頭をやられた青年が書いたものですが、彼は機械が好きで、それによって救われたのです。

一片の貴重な生真面目さ（squareness）をもつ人びとについて語るとき、十字を切るのと同じように、ホッファーは胸の上に正方形（square）を引いてみせる。実際それは、彼自身がよすがにして生きてきた信仰の一部なのである。

「脱産業時代について考えています」とホッファーは言う。「そして、それが前産業時代への逆戻りになりはしないかと思っています。手が真価を発揮するでしょう。そして、私たちは、人間の手によって救われるかもしれないのです」。

Eric Hoffer At Seventy-two By Sheila K. Johnson, *the San Francisco Chronicle*, 21 July 1974.

訳者あとがき

本書は、労働に励み余暇のすべてを読書と思索にささげた「沖仲仕の哲学者」として知られるエリック・ホッファー（Eric Hoffer）の自伝 ***Truth Imagined*** (New York: Harper & Row, 1983) の全訳である。ホッファーが幼い頃から自分の寿命だと考えていた四十歳までに遭遇した様々な事件や人々を題材にした回想であり、四十代後半から始まる彼の精力的な執筆活動の源泉を暗示するものとなっている。

巻末には、訳者の判断でシーラ・K・ジョンソン氏によるインタビュー記事「七十二歳のエリック・ホッファー」を付した。

ホッファーは、一九〇二年七月二五日、ニューヨークのブロンクスでアルザス地方から来た貧しいドイツ系移民の子として生まれた。五歳のとき、母親に抱かれたまま、階段から転落。母親は二年後に亡くなり、彼は視力を失った。十五歳のとき突然視力は回復したものの、その三年後には父親が死去。身内のいなくなったホッファーは、「暖かくて野宿もでき、道端にオレンジがなっていて食うのにも困らない」南カリフォルニアへ渡った。

その後十年間、ロサンゼルスの貧民街に住んで、様々な労働に従事するかたわら公立図書館を利用して読書に没頭。しかし、二十八歳のときに、「今年の終わりに死のうが、十年後に死のうが、いったい何が違うというのか」という感覚に襲われて、自殺を図る。幸か不幸か自殺は未遂に終わり、ホッファーは、「曲がりくねった終わりのない道としての人生」を送ることを決意。その後の十年間を、季節労働者としてカリフォルニアを「徘徊する」ことになる。

一九四一年にアメリカが第二次世界大戦に参戦したのを機に、「国のために役立ちたい」と考えてサンフランシスコへ向かう。そこに定住して、六十五歳になるまで二十五年間、沖仲仕として働いた。落ち着いた生活は、彼にそれまで蓄積した読書や体験を反芻する機会を与え、一九四八年には、最初の著書『確信者』(邦題は『大衆運動』)の草稿を完成。三年後、雑誌に投稿して以来の知り合いだった編集者の助けを借りて、ついに著書は刊行された。『確信者』は、大衆運動の精神的本質を抉り出した独創的な研究として、アーサー・シュレジンジャー、バートランド・ラッセル、ドワイト・アイゼンハワー大統領など各方面から激賞され、それ以降もホッファーは一九八三年五月二〇日、八十歳で生涯を閉じるまで次々と名著を残した。主要著書は以下の通りである。

一九五一年　*The True Believer: Thoughts on the Nature of Mass Movements* (New York: Harper & Brothers). 邦訳、高根正昭訳『大衆』(紀伊國屋書店、一九六一年。六九年『大衆運動』と改題)。

一九五五年　*The Passionate State of Mind and Other Aphorisms* (New York: Harper & Brothers). 邦訳、永井陽之助訳「情熱的な精神状態」、『政治的人間』(平凡社、一九六八年) 所収。拙訳「情熱的な精神状態」、『魂の錬金術』(作品社、二〇〇三年) 所収。

一九六三年　*The Ordeal of Change* (New York: Harper & Row). 邦訳、田崎淑子・露木栄子訳『変化という試練』(大和書房、一九六五年)。

一九六七年　*The Temper of Our Time* (New York: Harper & Row). 邦訳、柄谷行人・柄谷真佐子訳『現代という時代の気質』(晶文社、一九七二年)。

一九六九年　*Working and Thinking on the Waterfront: A Journal, June 1958-May 1959* (New York: Harper & Row). 邦訳、田中淳訳『波止場日記』(みすず書房、一九七一年)。

一九七一年　*First Things, Last Things* (New York: Harper & Row). 邦訳、田中淳訳『初めのことと今のこと』(河出書房新社、一九七二年)。

一九七三年　*Reflections on the Human Condition* (New York: Harper & Row). 邦訳、拙訳「人間の条件について」、『魂の錬金術』所収。

一九七六年　*In Our Time* (New York: Harper & Row).
一九七九年　*Before the Sabbath* (New York: Harper & Row). 邦訳、拙訳『安息日の前に』(作品社、二〇〇四年)。
一九八二年　*Between the Devil and the Dragon: The Best Essays and Aphorisms of Eric Hoffer* (New York: Harper & Row).
一九八三年　*Truth Imagined* (New York: Harper & Row). 邦訳、本書。

一見してわかるように、ホッファーの著作は、わが国でもその半数以上が翻訳され、かなり広い範囲にわたって読者を獲得している。ホッファーが自著の中で一番気に入っていたという最初の著書は、社会学者・清水幾太郎氏の勧めで高根正昭氏が訳出しており、学生運動が国際的に激しさを増していた当時、それを客観化して捉える材料を提供した。

アフォリズム集『情熱的な精神状態』は、政治学者・永井陽之助氏によって翻訳されており、ハンナ・アーレントの『革命について』、丸山眞男の「肉体文学から肉体政治まで」、マックス・ヴェーバーの『職業としての政治』などとともに必読文献として『政治的人間』に収められている。

また、珠玉の社会評論集『現代という時代の気質』は、柄谷行人氏によって訳出されており、巻末の解説は彼のホッファーに対する強い共感と深い理解を伝えている。作家の中にもホッファーを愛する人物は少なくなく、たとえば中上健次氏は、沖仲仕時代の一年分の日記をまとめた『波止場日記』

を読んで大きく心を揺さぶられ、「ホッファの文章は、先っぽのほうまで実のはいったいんげん豆のように、確実な手ざわりがある。……ホッファのように生きつづけたい」と記している（『鳥のように獣のように』）。

社会学者から政治学者、批評家、そして作家に至るまで、およそ人間性を真摯に観察しようとする人々は、ホッファーの論考を無視できずにきたのだといっても過言ではなかろう。

＊

よく知られているように、ホッファーが分析の対象としたのは、何よりも同時代の「気質」であり、そこに生きる人々の「精神状態」であった。

近代人は、長きにわたって拘束された神から逃れ、ようやく自由を手に入れたものの、今度は、「かれ自身の魂の救済を、しかも四六時中、行なわねばならなくなった」。自らに対して、そして社会に対して、自らの価値を日々証明し、自らの存在を理由づけなければならなくなった。これは容易ではないし、絶え間なく変化する社会に生きる一個の人間にとっては途轍もない重荷である。われわれは、往々にして、自分自身に満足できず、「自己自身と異なったもの」になりたいと熱望する。そして、「真に欲していて、それを持つことができないものの代用品」を追求して多忙をきわめる。好ましからざる自己から自分を引き離し、文字通り「心を亡くそう」と試みる。かくて、「人生のあらゆる部門にファナティシズム（熱狂）の噴出がある」のであり、「社会組織そのものが、一般に、心の病に冒されやすい、すぐ燃えやすい体質になってしまった」とホッファーは洞察したのである。

本書に鮮やかに描かれているように、この簡潔で力強い分析の源泉は、彼自身の浮浪者としての原初的な生活の中にあった。「金がつきたらまた仕事に戻らなければならない」生活に自殺未遂をするほどうんざりしながらも、それを克服して「旅としての人生」を生き抜いていくホッファー。その彼は、季節労働者キャンプでのささいな出来事から、自分も他ならぬその一員である「社会に適応しえぬ者たち」（misfits）に興味を抱き始める。そして、彼ら固有の自己嫌悪が放出する「生存競争よりもはるかに強いエネルギー」こそが、人間の運命を形作るうえで支配的な役割を果たしているのであり、「弱者が生き残るだけでなく、時として強者に勝利する」ことこそが、人間の独自性であるという洞察に到達するのである。

ここで本書の歴史的な背景に少し目を転じてみると、ホッファーが路上にあった一九三〇年代のカリフォルニアには、浮浪者がかなりたくさんいたようである。F・L・アレンの『シンス・イエスタデイ』（一九三九年）が記しているように、その原因のひとつは、テキサス州からカナダ国境に至る大平原地帯で起きた異常気象であった。一九三三年から二年余りにもわたって無数の嵐が起こり、過度の放牧で荒廃した広大な地域で大量の砂が吹き上げられた。大恐慌ですでに苦境にあった農民は、この「黒い大吹雪」と大洪水によって、決定的な打撃を受ける。農業の崩壊は、町を衰退させ、住民は、「約束の地」西部へと逃れ出る。そして、ホッファーと同年生まれのスタインベックが『怒りのぶどう』(一九三九年)で鮮烈に描いたあの苦難を経験したのである。

アメリカ社会は、まさに「変化という試練」にさらされていたのであり、新しい状況に適応できない人々を数多く吐き出していた。そうであるがゆえに、ホッファーとともに貧民街から道路建設に駆り出された放浪者の中にも、様々な職業経験者がおり、「その気になりさえすれば山のふもとにアメリカ合衆国を建国することだってできた」。そして、モンテーニュを読むホッファーの声に耳を傾け、「そんな本なら誰だって書けるさ」と言う教養人もいたのであろう。不適応者《ミスフィット》の多くは、とりたてて能力が低いわけではなく、少なくとも「普通のアメリカ人並みの技術と能力は持ち合わせていた」のである。

「普通の安定した地位に留まることができず、社会の下水路へと押し流された人びと」、「居心地のよい家を捨てて荒野に向かった者たち」——こうした人々の内面に鬱屈する「こんなはずではない」という不満と「別の人間になりたい」という変身願望を、ホッファーは折に触れて感じていたのかもしれない。そして、自分の内面を厳しく見つめ、自分が存在する歴史的世界を認識することによってこそ、あの近代人の「情熱的な精神状態」を見抜くことができたのであろう。

人間の抱く〝情熱〟の現実を見ようとしたホッファーは、常にその両面性を指摘した思索者でもあった。われわれは、まずもって、情熱的な精神を「創造の新秩序の発生」として見なければならない。情熱のない人間など、その独自性を放棄した存在に等しい。しかし、同時に、それが「退行化」して死をも辞さない狂信になることに絶えず警戒を怠ってはならない。この世の悪を絶滅しようとする宗教的・民族的・イデオロギー的なファナティシズムの罠に陥ってはならない。そもそも「山を動かす技術があるところでは、山を動かす信仰は要らない」のである。

情熱を飼いならし、加工し、創造的な力へと変容させること——それは、きわめて困難な作業である。「羊飼いアブナーの末路」に関する物語が暗示するように、「抵抗しがたい渇望」は突然襲ってくるものであり、作業はシーシュポス的なものにならざるをえない。しかし、われわれは、「希望」よりも「勇気」をもって、それをやり抜かねばならないのだとホッファーは訴える。

自己欺瞞なくして希望はないが、勇気は理性的で、あるがままにものを見る。希望は損なわれやすいが、勇気の寿命は長い。希望に胸を膨らませて困難なことにとりかかるのはたやすいが、それをやり遂げるには勇気がいる。闘いに勝ち、大陸を耕し、国を建設するには、勇気が必要だ。絶望的な状況を勇気によって克服するとき、人間は最高の存在になるのである。

＊

シーラ・K・ジョンソン氏のインタビューからもうかがわれるように、「その後のホッファー」は、それまで以上に知的活動に多くの時間を割き、リリー・ファビリという良きパートナーも得た。著書の出版がきっかけになって、沖仲仕の同胞のみならず、カリフォルニア大学バークレー校の教授たちとも交流するようになった。他の知識人とも交流があったようで、同時代についての問題意識を少なからず共有していたハンナ・アーレントなどは、その書簡の中で一九五五年にゴールデン・ゲート・ブリッジをホッファーに案内してもらって「オアシスのような」ひとときを過ごしたと記している。

一九六七年、CBSテレビの特別インタビュー番組に出演したことでホッファーの名は、全米に知れわたり、一種のホッファー・ブームにまでなった。ホッファーが語れば、人が集まる――季節労働者時代の記録である本書を見てもそれは明らかだが、今や聴衆は数え切れないほどのアメリカ国民となった。ホッファーは、リンドン・ジョンソン大統領に招かれてホワイト・ハウスのローズ・ガーデンで歓談。『ニューヨーク・タイムズ・マガジン』などの主要誌にも寄稿するようになる。

こうした名声にもかかわらず、ホッファーは、サンフランシスコのアパートに留まり、死ぬまでそこから大きな時代の変化を見すえた独創的な見解を発信し続けたということである。

*

訳者自身がエリック・ホッファーの文章に出会ったのは、一九八〇年代の中頃で、永井陽之助氏の著作を通じてであった。当時、国際関係論を勉強し始めていた私は『平和の代償』（一九六七年）から

『現代と戦略』（一九八五年）に至る永井氏の著作を読んで感動し、その根底にある理論的基盤を探るべく初期の論文を集めた『政治意識の研究』（一九七一年）を読んでいた。そして随所で決め言葉として引用されるホッファーのアフォリズムに強く惹かれていた。そうこうするうちに、『政治的人間』をついに古本屋で見つけ、永井氏自身が訳出した『情熱的な精神状態』を精読する機会に恵まれたのである。

その後、長い大学院生時代を経て研究職に就き、多少の文章にも接してきたが、『情熱的な精神状態』の冒頭のアフォリズムを読んだときの衝撃は、今も忘れられない。

情熱とよばれる情念の大半には、自己逃避がひそんでいる。何かを情熱的に追求する人は、すべて逃亡者に似た特徴をもっている。

情熱は、その根底をさぐると、たいてい、自己の内面にひそむ、汚れた、びっこの、不完全な、確かならざる自分というイメージにつきあたる。だから、情熱的な態度というものは、外からの刺激に対する反応であるよりも、むしろ内面的不満の発散なのである。

レイモン・アロンからエリック・ホブズボームに至る様々な論者たちも説いているように、二十世紀はまぎれもなく〝情熱〟が猛威を振るった「極端な時代」であった。そして、二十一世紀を迎えた今も、各種の紛争からテロに至るまで「不適応者《ミスフィット》」の〝情熱〟が歴史を動かし続けている。半世紀を経た今もホッファーの洞察は、その有効性を、ほとんど失っていないように思われるのである。

＊

訳出にあたっては、多くの方々にお力添えいただいた。

現在サンディエゴ郊外に在住するシーラ・K・ジョンソン氏には、二十八年前のインタビュー記事の掲載を快く承諾していただいた。彼女とチャルマーズ・ジョンソン先生には留学時代からお世話になっており、今回もインタビュー記事のみならず、自伝の内容についても御教示いただいた。学生時代からうかがっていたホッファー自身の〝情熱〟に関するエピソードをインタビューの回顧という形で書いていただけたのは、嬉しいことであった。

矢野久美子氏（フェリス女学院大学）には、本書翻訳のきっかけを作っていただいた。そもそもこの仕事は、「アーレント研究の一視点」（『未来』一九九七年八月号）で彼女が言及したアーレントとホッファーの交流のエピソードに、ある編集者が着目したことに始まっている。『ハンナ・アーレント、あるいは政治的思考の場所』（みすず書房）の準備で彼女による翻訳は実現しなかったが、著書出版以降は、丁寧に私の翻訳に目を通し、朱を入れていただいた。

末尾ながら作品社編集部の太田和徳氏には、様々な御苦労をおかけした。ホッファーの思想的基盤が示されている本ということで気安く翻訳を引き受けてしまったのだが、国際関係論とは違う思想という分野で、しかも自伝ということもあって、最初にお渡しした訳稿は、お世辞にも出来のよいものとは言えなかった。それを一文一文もう一度原文に当たりながら、校正していただいたのである。本書が少しでもリーダブルであるとすれば、それはひとえに太田氏のおかげである。同じホッファーのファンとして色々と御教示いただいたことも合わせて、心より御礼申し上げたい。

こうした方々の御協力にもかかわらず、誤訳は免れないであろうし、読みづらい文章も多々あるかと思う。こうした欠陥はすべて私一人の責任であり、読者の方々に御指導いただければ幸いである。

最後に、出来はともあれ、訳出の作業自体は、楽しいものであったことを記しておきたい。数年前にカリフォルニアに住んでいたこともあり、あの明るく乾いた広大な大地の上をホッファーが歩く姿が目に浮かぶようであった。かつて中上健次氏が「おどろくほどの楽天さ」と呼んだものがホッファーの文章にはたしかに息づいている。生誕百周年を迎えた今年、ホッファーの「生真面目な」洞察とともに随所ににじみでている彼の「明るさ」を楽しんでいただけるとすれば、訳者にとって、これにまさる幸せはない。

二〇〇二年五月二〇日

中本義彦

エリック・ホッファー略年譜

1902年　7月25日、ニューヨークのブロンクスにドイツ系移民の子として生まれる。父は家具職人。

1909年　母と死別。突然視力を失い、15歳まで失明状態。

1920年　父が亡くなり天涯孤独となる。4月、ロサンゼルスに渡る。10年間、さまざまな職を転々とする。

1930年　この年の暮れ、自殺を図るが未遂に終わる。それを機にロサンゼルスを離れ、以後10年間、季節労働者としてカリフォルニア州各地を渡り歩き、探鉱者としても働く。

1934年　エル・セントロの季節労働者キャンプに4週間滞在。

1936年　モンテーニュの『エセー』と出会う。

1941年　サンフランシスコに居を定め、港湾労働者となる。

1951年　リリー・ファビリと出会う。*The True Believer*［『大衆運動』］刊行。

1955年　*The Passionate State of Mind and Other Aphorisms*［『情熱的な精神状態』］刊行。ハンナ・アーレントと知り合う。

1963年　*The Ordeal of Change*［『変化という試練』］刊行。

1964年　カリフォルニア大学バークレー校で政治学を講じる（72年まで）。

1967年　*The Temper of Our Time*［『現代という時代の気質』］刊行。この年、沖仲仕の仕事を引退し、著作活動に専念。CBSテレビに出演。全米でホッファー・ブームが巻き起こる。

1969年　*Working and Thinking on the Waterfront*［『波止場日記』］刊行。

1971年　*First Things, Last Things*［『初めのこと今のこと』］刊行。

1973年　*Reflections on the Human Condition*［『人間の条件について』］刊行。

1974年　7月、シーラ・K・ジョンソンによるインタビューが『サンフランシスコ・クロニクル』に掲載される（本書所収）。

1976年　*In Our Time*刊行。

1977年　PBCでホッファーのドキュメント番組が放映される。

1979年　*Before the Sabbath*［『安息日の前に』］刊行。

1982年　自選集 *Between the Devil and the Dragon*刊行。

1983年　5月21日死去（80歳）。アメリカ大統領自由勲章受賞。自伝*Truth Imagined*［『構想された真実』・本書］が刊行される。

訳者略歴

中本義彦（なかもと・よしひこ）

1965年、山口県柳井市生まれ。東京外国語大学大学院地域研究研究科修了。カリフォルニア大学サンディエゴ校大学院（91〜94年）、ヴァージニア大学大学院（95〜98年）留学。

現在、静岡大学人文社会科学部教授。Ph. D.（国際関係論）。

主要論文に、“Understanding” International Relations: The Historical Sociology of Raymond Aron and Stanley Hoffmann（Ph.D. Dissertation, University of Virginia, 2001）.

訳書に、エリック・ホッファー『魂の錬金術』（作品社、2003年）、『安息日の前に』（作品社、2004年）、チャルマーズ・ジョンソン『歴史は再び始まった』（木鐸社、1994年）。

エリック・ホッファー自伝
構想された真実

二〇〇二年　六月　五日第一刷発行
二〇二二年一二月　五日第二七刷発行

著　者　E・ホッファー
訳　者　中本義彦
装幀者　髙林昭太
発行者　福田隆雄
発行所　株式会社　作品社
東京都千代田区飯田橋二ノ七ノ四
電話　(〇三)三二六二-九七五三
FAX　(〇三)三二六二-九七五七
振替　〇〇一六〇-三-二七一八三
印刷・製本　シナノ印刷(株)
落・乱丁本はお取替え致します
定価はカバーに表示してあります

ISBN978-4-87893-473-5　C0010

エリック・ホッファー

魂の錬金術

全アフォリズム集

中本義彦▼訳

冷徹な洞察と洗練された警句によって人間の本質を剔抉する、ホッファー哲学の結晶体。波瀾の生涯から紡ぎだされた魂の言葉全４７５篇。『情熱的な精神状態』『人間の条件について』収録。